CCTB 中国文化和旅游皮书

中国主题公园发展报告

2025

梁增贤　罗 卉　主编

中国旅游出版社

内容简介

加快建设旅游强国、推动旅游业高质量发展是新时期文旅发展的战略方向。主题公园作为重大文旅投资项目，不仅能够改变城市的旅游形象和核心吸引物体系，更影响目的地社会经济和相关产业发展，往往是一个城市的标志性文化和旅游项目。当前，中国主题公园发展进入新阶段，从高速扩张转向高质量发展，更加强调主题公园的中华文化元素转化，更加注重数智技术与娱乐科技的应用，更加重视主题公园与相关消费内容和场景的衔接。中国主题公园发展进入了深度主题化、科技化、体验化和高度混合消费的高质量发展阶段。在经历过去40年的几波发展浪潮和过去十年国际品牌的大量涌入后，中国主题公园产业逐渐走向成熟，形成了相对完整的产业链和数个具有全球影响力的企业品牌。在此坚实基础上，培育和发展中华文化主题公园成为时下政府、企业和市场共同的期待。

本书是当今关于中国主题公园产业发展最全面的分析报告，基于中山大学主题公园研究团队三十多年的跟踪研究积累以及近年来服务于国家部委、省（区、市）级主题公园项目建设经验，形成对全球主题公园格局、中国主题公园产业链、主题公园的区域发展和城市市场潜力、不同类型主题公园的现状趋势以及主要企业和项目的发展经验和案例的全面分析，并给未来一段时期中国主题公园产业发展提供政策建议。

本书适用于主题公园及相关企业的从业者、地方政府官员、文化和文化创意学者、城市和旅游规划设计专家、旅游及相关领域高校教师以及关心、热爱主题公园的人士。

序

中国主题公园产业化发展的标志性事件是深圳锦绣中华的开业。今天的深圳锦绣中华民俗村由深圳锦绣中华和深圳中国民俗文化村合并而成。深圳锦绣中华建于1989年，是我国第一个微缩景观主题公园，深圳中国民俗文化村于1991年开园，是我国首个集各民族民间艺术、民俗风情和民居建筑于一身的主题公园。两个公园在当年都创下了投资奇迹，基本在开业后一年收回投资，以至于很长一段时期，旅游业界都认为主题公园是“投资小，见效快，效益高”的产业。事实上，这样的认知是建立在各种产业要素齐备、供求关系平衡的基础上，而这样的条件对于一些城市和地区是不具备的。

过去三十多年是中国经济高速增长、人民生活水平显著提高、休闲消费需求快速释放的时期。中国房地产持续增长，地方政府对主题公园的青睐，催生了很多“地产+主题公园”项目，大型房地产公司为了拿到土地，在地方政府的配套要求下，如恒大、保利、富力、万达等这些并不擅长主题公园和酒店管理的房地产企业都纷纷策划投资各种类型的主题公园和世界一流品牌酒店，眼下这类旅游项目的举步维艰就是这种旅游投资异化的结果。经营城市的理念，使上海、北京这样的大都市将眼光投向国际一流主题公园，上海迪士尼投资约350亿元人民币，按照主题公园的经营规律，这样大的旅游投资是比较难赚钱的，而美方利用品牌、管理等优先条款每年都能从中获利，地方政府只能通过周边地块溢价以及带动外来消费获得收益。北京环球影城也存在同样的问题。相比之下，国内一些主题公园企业如长隆这种能够精确把控投资、精准把握市场、精细把持服务，不仅能够创造出新的动植物主题的竞争力，为游客提供良好的体验，还能把投资控制在较小规模（相较于迪士尼和环球影城），使得公园后期实现较合理资产经营，实现良好利润。

无论是早期的“主题公园+房地产”模式，还是近年来的“主题公园+城投”模式，还是政府或国企公共或半公共性质的投资模式，主题公园的开发都要理性，投资都要精算，运营都要精细，服务都要到位。如今，我们站在一个新的起点上：国际顶尖品牌如迪士尼、环球影城已在中国落地生根，乐高乐园开业；本土企业如华侨城、华强方特、长隆、海昌等通过多年积累，形成了多区域、多产品线的集团化发展格局，甚至逐步拓展海外市场；小众主题如只有河南·戏剧幻城、泡泡玛特主题公园的火爆。中国主题公园市场规模在全球已举足轻重，发展模式与途径也与前一阶段大不相同。

数字技术的浪潮正深度渗透主题公园，技术从“工具”升级为驱动主题公园价值创造与模式创新的核心引擎。从线上购票、智能排队、无感支付，到沉浸式互动体验、AR/VR 技术的引入、大数据驱动的精准营销和园区智慧化管理，数字技术正全方位地重塑主题公园产品和游客体验。伴随着国家综合实力的提升和文化自信的增强，尤其是“千禧一代”“Z 世代”消费者，对根植于自身文化土壤的故事和形象产生了强烈的共鸣和期待。大家不再仅仅满足于体验国外的童话世界或未来幻想，更渴望看到我们自己的神话传说、历史典故、地域风情乃至当代精神，能以创新的、世界级的主题公园体验形式呈现出来。如何将这些独特的中国文化元素与数字技术结合，并将其转化为有吸引力、有深度、可持续的主题公园 IP 和产品，是摆在整个行业面前一个充满机遇也极具挑战的课题。

《中国主题公园发展报告 2025》一书，是对当前中国主题公园产业发展的全面梳理与总结，它不停留在描述“是什么”，更试图探讨“为什么”以及未来可能“怎么办”。我从 1990 年开始主题公园研究，几十年来长期持续跟进主题公园研究，形成了梯队良好的研究团队，梁增贤教授已成长为团队的核心成员，他开设了“主题公园管理”课程，与我合作出版了《主题公园研究》《主题公园发展：中国案例》，并独立出版了《主题公园与城市发展》《主题公园开发与管理》等系列教材专著，主持和参与了多项政府和企业委托的主题公园相关课题研究，对华侨城集团、长隆集团、华强方特集团、迪士尼集团、环球影城等主题公园企业有长期的研究积累，实践经验和研究成果丰富。近年来，受国家发展改革委、广东省委宣传部、广东省文化和旅游厅等部门以及地方政府委托，开展全国和广东重点企业的调研，收集了丰富的一手数据资料，本报告正是这些调研的成果展现。

我国主题公园行业一直缺乏准确的数据统计。2018 年国家发展改革委、文化和旅游部等部门发布的《关于规范主题公园建设发展的指导意见》对主题公园的规模等级进行了界定，但是长期以来，中国到底有多少主题公园，具体数量始终没有定论，有说几百家的，有说上千家的。这主要是因为各家统计标准不同，数据也不够公开透明。基础数据的缺失，制约了行业研究的深入开展。本书的第一项工作就是摸清行业家底，由梁增贤教授和博士生罗卉等研究生组成的研究团队通过线上线下多元渠道对主题公园基础信息进行统计，收集了基本信息、运营情况、投资金额、占地面积、主要项目等关键数据，并尝试对核心类型与属性近似度进行划分。这项工作虽然烦琐，但至关重要，它帮助我们首次建立起一个覆盖范围较广、信息维度较丰富的中国主题公园目的地数据库，为后续的分析打下了扎实的基础。

本书在“纵向”上，聚焦大型主题公园、儿童主题公园、水公园、无动力乐园等核心业态，剖析其市场特点、客群需求、运营模式和面临的挑战。在“横向”上，深入京津冀、长三角、粤港澳大湾区三大经济区域，分析其区域内的竞争格局、协同效应、发展特色以及面临的机遇与问题，为区域差异化发展提供参考。此外，报告并未止步于现象描述，更通过投资机会深度分析、集团化发展战略探讨、IP授权模式创新研究、主题公园前沿技术等多元化专题，对驱动产业发展的核心引擎进行了多维度剖析，力求刻画出中国主题公园产业鲜活、立体的全貌。通过分业态、分区域、分专题的深入剖析，报告揭示了许多现象背后的内在联系和发展规律，对产业未来的发展趋势进行了审慎地预判。无论是对于主题公园的运营管理者、投资者、相关产业链的从业者，还是对于关注文旅产业发展的政策制定者和研究者而言，这些基于扎实调研和深入分析的思考，都具有重要的参考价值，也为主题公园产业高质量发展提供了方向性的思考与实践路径的参考。

保继刚

教育部长江学者特聘教授

2025年6月16日

目　录 | CONTENTS

第一章

中国主题公园产业现状与趋势

梁增贤　罗　卉　杜晓朦

面向“十五五”期间，强调经济效益和创新驱动。以高质量供给满足高水平需求、发展好旅游，对服务好美好生活、促进经济发展、构筑精神家园、展示中国形象、增进文明互鉴具有重要意义。主题公园正成为新时期实现文旅融合赋能数智文旅科技创新的重要着力点。

近年来，我国从中央到地方积极主动探索建设中华文化主题公园。主题公园已经成为现代都市大型文旅项目的标志性工程，也是各地在新时期推进文旅创新发展的主要抓手。在当前我国文旅消费持续升级的背景下，主题公园已成为家庭娱乐、休闲旅游的重要载体。中国主题公园发展历经数次浪潮，每一次浪潮都与当时的社会经济和文化发展紧密相关（梁增贤，2019）。当前，随着房地产热逐步“退潮”，主题公园等大型文旅项目独立发展，市场规模持续扩大，但行业也面临着同质化竞争、创新不足、消费需求升级等挑战。如何汲取过去几十年中国主题公园的发展经验，把握行业现状，优化资源配置，按照市场规律发展新型主题公园，是本书研究的重要目标。

本章在对我国主题公园进行全面梳理的基础上，尝试对项目规模等级、核心类型和属性近似度进行分类统计，并对中国主题公园的发展阶段及其特征进行归纳。聚焦产业发展现状，市场规模持续扩大与消费需求不断升级为行业注入增长动力，科技创新推动产品与体验的深度重塑，传统文化 IP 的打造成为突破同质化竞争的关键路径。与此同时，国际品牌与本土品牌在竞争中相互借鉴、共同成长，形成了“高端引领”与“本土主导”并存的多元化格局。在投资盈利方面，企业在文旅板块和公园业务板块的盈利能力有所下降，房地产企业收缩战线，城投旅投的投资日趋谨慎，多元化、沉浸式和轻资产成为新型主题乐园的共同选择。

展望未来，特大型和大型主题公园投资将趋于理性，中等投资规模的区域级主题公园凭借其灵活性与适应性，更受市场青睐。小型主题公园建设迎来新增长机遇，复合型文化主题与微度假模式的主题公园式景区将成为新的增长点。与此同时，沉浸式及混合现实技术的不断完善正在重构游客体验的边界，虚实结合的主题公园体验将成为未来发展趋势。

本书立足行业前沿，旨在为行业参与者提供前瞻性洞察，为中国主题公园产业的可持续发展提供理论支持和实践参考，助力中国主题公园产业高质量发展，推动产业在新时代背景下实现转型升级，为人民群众提供更加优质、多元的文旅产品和服务。

一、中国主题公园概况

研究团队通过政府部门、景区官方、OTA 平台（如携程、去哪儿）、O2O 平台（如美团）等多个平台，对全国（仅含内地）范围内主题公园类型的旅游景区景点、项目进行统计分析。主题公园规模等级界定标准参考 2018 年国家发展改革委、文化和旅游部等部门发布的《关于规范主题公园建设发展的指导意见》，核心类型主要依据旅游核心吸引物及其配套设施进行编码划分，属性近似度根据 Liang 和 Li（2023）主题公园定义的五个核心特征进行判断。截至 2024 年 12 月 31 日，全国共有 410 个主题公园，其中核心类有 128 个（表 1–1）。

表 1–1　主题公园统计标准

分类维度	分类名称	分类标准与说明
规模等级	Ⅰ. 特大型	总占地面积 2000 亩及以上或总投资 50 亿元及以上的
	Ⅱ. 大型	总占地面积 600 亩及以上、不足 2000 亩或总投资 15 亿元及以上、不足 50 亿元的
	Ⅲ. 中小型	总占地面积 200 亩及以上、不足 600 亩或总投资 2 亿元及以上、不足 15 亿元的
	Ⅳ. 规模不足	总占地面积在 200 亩以下且总投资 2 亿元以下的
主题类型	影视娱乐类	有明确的影视、动漫、形象 IP 作为核心线索，提供骑乘设施、主题演出、混合消费、周边产品等体验消费形式的园区和项目
	影视基地类	为影视拍摄兴建、衍生开发，面向游客开放并提供相应商业设施与体验的影视城、影视基地等
	游乐园类	以骑乘设施设备为主要体验产品，园区主题的整合性较强，但缺乏明确的影视、动漫、形象 IP 等核心线索
	综合组团类	以若干主题公园、商业设施形成的综合旅游目的地，其中主题公园在文旅体验中占主导作用，有明确的主题体验特征
	冰雪戏水类	以水上公园、冰雪世界等为代表的水系主题产品，通常具有鲜明的季节性特征
	单体海洋馆	具有鲜明的海洋生物主题，但占地面积通常较小且缺乏混合消费场景，但在二次开发扩展的情况下具备主题公园发展的潜力
	生态复合类	以动植物为核心主题的项目产品，或在大范围生态园区内，提供超出观览形式的机械设施、主题演出等体验形式，包括野生动物园、海洋主题公园、恐龙主题项目等
	历史文化类	以当地历史、民俗文化、红色记忆等为主题，包含微缩景观、仿造景观等，或以演艺类产品为核心，配合提供整体性的主题化体验

续表

分类维度	分类名称	分类标准与说明
属性近似度	Ⅰ．核心类	具有明确的混合消费场景、表演性劳动、主题化体验等主题公园特征，具备较强的吸引力和商业发展潜力，进行了周边产品等产业链的延伸开发，或具备一定的品牌效应
	Ⅱ．近似类	具备主题娱乐体验的部分特征，但主题在一定程度上缺乏整合性、识别性或鲜明性，在商业开发和产业链延伸上的尝试尚不充分，尚未形成明确的商业品牌
	Ⅲ．边缘类	部分产品具备一定的主题娱乐特征，但在整体园区或项目中占比较小，在主题化开发方面尚不充分

说明：统计仅包含仍在经营状态的项目，已关停、倒闭的项目未纳入统计范围。受人工检索、筛选与编码的影响，存在少量主题公园未被纳入分析的可能，但对本报告分析结果的影响较小。

国际上关于主题公园的分类标准不断丰富完善。Clave（2007）曾根据占地规模、投资规模以及主要客源市场范围，将主题公园划分为目的地级、区域级、城市级和社区级主题公园。然而，该分类标准基于较早时期的欧美参数，与中国市场的实际情况并不完全契合。梁增贤（2019）结合我国主题公园发展实际，对主题公园进行了本土化分类：目的地级主题公园以上海迪士尼乐园、珠海长隆为代表，能够吸引中远程市场，包含较大比例的专程游客，且多数游客会停留一晚；区域级主题公园以欢乐谷系列主题公园为代表，以吸引 2 小时车程范围内的市场为核心，游客停留时间一般在 5~7 小时；城市级主题公园以华强方特乐园为代表，主要吸引 1.5 小时车程范围内的市场，游客停留时间在 3~5 小时，部分公园也可能达到 7 小时；社区级主题公园主要包括儿童职业体验园、儿童乐园等，投资规模相对较小，一般只有几千万元，甚至更少。

Clave（2007）和梁增贤（2019）对主题公园的分类，均是基于多维度的综合考量，具有较强的科学性和实用性。本书在对主题公园进行分类时，主要基于单一维度的统计划分，包括规模等级、核心类型和属性近似度等。在不同使用情境下，这些分类标准所指代的内容有所不同。

（一）区域分布

410 个主题公园分布在全国 30 个省、自治区、直辖市。经济发展水平与主题公园数量紧密相关，经济总量最大的 4 个省——江苏省（34 个）、广东省（34 个）、浙江省（30 个）和山东省（30 个）的主题公园数量都超过 30 个，4 个省的主题公园总数在全国占比超过 30%。7 个省市有 16~29 个主题公园，7 个省市有 11~15 个主题公园，12 个省、自治区、直辖市的主题公园数量在 3~10 个，其中数量最少的是宁夏回族自治区和新疆维吾尔自治区。

（二）规模等级

主题公园规模等级呈现金字塔结构，即410个主题公园中有89个特大型项目、144个大型项目、162个中小型项目，另有15个规模不足但属性与主题公园相符且具有发展潜力的项目。

（三）主题类型

根据旅游核心吸引物及其配套设置分类，当前我国主题公园仍以游乐园类为主，共102个。其次为生态复合类，共93个，历史文化类48个，冰雪戏水类47个，影视基地类40个，影视娱乐类31个，综合团组类30个，单体海洋馆19个。

（四）属性近似度

根据主题公园的混合消费场景、表演性劳动、主题体验等特征以及各项目的商业开发、游客吸引力、品牌效应等，对主题公园属性近似度进行分类，核心类128个，近似类236个，边缘类46个，呈现橄榄形结构。在我国，严格意义上符合主题化、明确边界、混合消费、表演性劳动、主题商品化五大特征（Liang和Li，2023）的主题公园只有128家，约占总量的31.2%。

（五）开业时间

410个主题公园中，开业时间在2000年以前的共37个，在2000—2009年开业的有52个，在2010—2019年开业的有216个，2020年至今开业（含2025年开业）的有105个。具体来看，2010年新开园数量首次突破个位数；2017年和2018年是新开园区数量的高峰期，每年38个；2019年数量稍有回落，为32个；2020年至2024年五年间，平均每年有20个新园区开业（表1-2）。

表1-2　开业时间交叉分析表

		2000年以前	2000—2009年	2010—2019年	2020年至今	总计
规模等级	Ⅰ.特大型	7	16	43	23	89
	Ⅱ.大型	16	18	74	36	144
	Ⅲ.中小型	11	18	94	39	162
	Ⅳ.规模不足	3	—	5	7	15
属性近似度	Ⅰ.核心类	8	9	65	46	128
	Ⅱ.近似类	22	31	134	49	236
	Ⅲ.边缘类	7	12	17	10	46

续表

		2000 年以前	2000—2009 年	2010—2019 年	2020 年至今	总计
主题类型	冰雪戏水类	2	3	28	14	47
	单体海洋馆	4	2	12	1	19
	历史文化类	7	1	23	17	48
	生态复合类	10	19	42	22	93
	影视基地类	8	12	18	2	40
	影视娱乐类	—	1	12	18	31
	游乐园类	6	12	64	20	102
	综合团组类	—	2	17	11	30

二、中国主题公园发展阶段

本书在保继刚和梁增贤（2021）对中国主题公园发展浪潮归纳的基础上，结合全面的数据统计分析与长期的田野考察，尝试基于新开园数量、规模等级与主题化程度来归纳中国主题公园发展的几个阶段（图 1-1）。

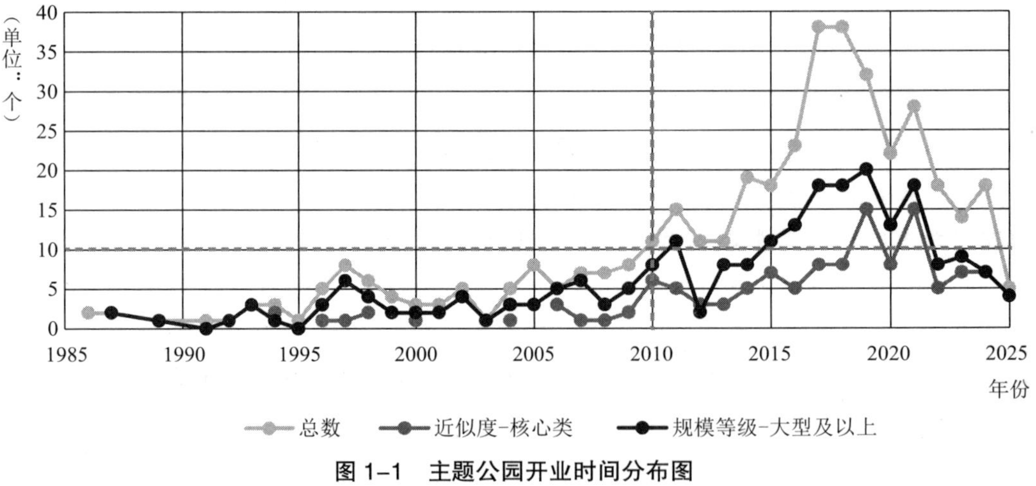

图 1-1　主题公园开业时间分布图

（一）萌芽期（2000 年以前）

2000 年以前开业的主题公园，占地面积大，投资额小，主题化程度低，以生态复合和影视基地为主。经过近三十年的发展，个别园区已成为行业标杆性项目。长隆、华侨城、欢乐谷等本土品牌乐园也在此阶段孕育。

开业时间。410 个主题公园中有 37 个项目在 2000 年之前开业，占总数的 9.02%。该时期代表性项目有深圳锦绣中华（1989 年）、大连老虎滩海洋公园（1992 年）、深圳世界之窗（1994 年）、杭州宋城（1996 年）、长隆野生动物园（1997 年）、深圳欢乐谷（1998 年）和清明上河园（1998 年）。

规模等级。37 个项目中，大型及以上有 23 个，占比 62.16%。除清明上河园（300 亿元）和深圳欢乐谷（29 亿元）因投资额符合大型及以上主题公园标准外，其他 21 个项目均因占地面积符合标准（600 亩以上）。横店影视城（50000 亩，30 亿元）和上海影视乐园（1200 亩，15 亿元）占地面积与投资额均符合超大型 / 大型主题公园标准。

属性近似度。37 个项目中，核心类有 8 个，占比 21.62%；近似类有 22 个，占比 59.46%；边缘类有 7 个，占比 18.92%。其中有 8 座主题公园，历经近三十年的发展，产品不断迭代升级、业态逐渐丰富、主题化程度逐步提升，成长为中国主题公园行业标杆性项目，它们的属性近似度随着多年的发展积淀被划分为核心类，分别为：深圳锦绣中华、大连老虎滩海洋公园、深圳世界之窗、潍坊富华游乐园、杭州宋城、长隆野生动物世界、深圳欢乐谷、清明上河园。

主题类型。这一阶段开业的项目以生态复合类（10 个，占 27.03%）与影视基地类（8 个，占 21.62%）为主，其次是历史文化类（7 个，占 18.92%）和游乐园类（6 个，占 16.22%），有 4 个单体海洋馆和 2 个冰雪戏水类项目，尚无影视娱乐类和综合团组类项目。

（二）探索期（2000—2009 年）

2000 年至 2009 年是中国主题公园发展的探索期。这一时期开业的主题公园，占地面积大，投资额较前一阶段有明显增加，主题化程度相对较低，主题类型集中。核心类项目呈现出集团化、品牌化运营特征，中国主题公园本土品牌发展趋势逐步显现。

开业时间。410 个主题公园中，有 52 个项目在 2000 年至 2009 年开业，占总数的 12.68%。2005 年和 2008 年开业园区最多，每年 8 个，其次是 2007 和 2008 年，每年 7 个，2003 年仅开园 1 个。

规模等级。52 个项目中，大型及以上 34 个，占比 65.38%；中小型 18 个，占比 34.62%。在 16 个特大型项目中，常州恐龙园（120 亿元）和中国（怀柔）影视基地（60 亿元）的投资额超 50 亿元，且除中国（怀柔）影视基地（1092 亩）外的 15 个项目占地面积均超 2000 亩。在 18 个大型项目中，有 8 个投资额超 15 亿元，除青岛海昌极地海洋世界（300 亩）和长隆水上乐园（450 亩）外的 16 个项目占地面积均超 600 亩。

属性近似度。52 个项目中，核心类 9 个，占比 17.31%；近似类 31 个，占比

59.62%；边缘类 12 个，占比 23.08%。该阶段开业的 9 个核心类园区均为大型及以上规模，有 7 个是本土品牌的新园区，是在萌芽期发展基础上的品牌扩张战略布局成果。核心类园区分别为：长隆集团的飞鸟乐园（2004 年）和欢乐世界（2007 年），华侨城集团的北京欢乐谷（2006 年）、上海欢乐谷（2009 年）和成都欢乐谷（2009 年），海昌集团的大连海昌发现王国（2006 年）和青岛海昌极地海洋世界（2006 年）。此外，芜湖方特欢乐世界（2008 年）的开园是方特集团发展的重要里程碑，标志着方特集团正式进入主题公园行业，为后续方特模式的复制奠定基础。2000 年开业的常州恐龙园作为中国首个以恐龙为主题的主题公园，迅速成为常州的标志性旅游景区，极具市场竞争力与吸引力。

主题类型。这一阶段开业的项目，仍以生态复合类（19 个，占 36.54%）为主，影视基地类（12 个，占 23.08%）与游乐园类（12 个，占 23.08%）项目开园也相对较多。冰雪戏水类（3 个，占 5.76%）、单体海洋馆（2 个，占 3.85%）、综合团组类（2 个，占 3.85%）、影视娱乐类（1 个，占 1.92%）和历史文化类（1 个，占 1.92%）。开业较少。

（三）规模发展增长期（2010—2019 年）

2010 年至 2019 年是中国主题公园的规模发展增长期，呈现出以下几点特征：（1）新开园区数量大幅度增长，全国 30 个省、自治区、直辖市在这一阶段均有新园区开业；（2）重资产投资，大型及以上规模的园区多，占地面积大且投资额大，主题公园 + 商业地产模式普遍；（3）本土品牌全面扩张，品牌化、集团化发展成效显著；（4）影视、地产、文化等企业纷纷布局主题公园产业，以万达、华谊等为代表；（5）主题类型丰富多样，满足游客多元消费需求。

开业时间。有 216 个项目在 2010 年至 2019 年开业，占总数的 52.68%。2010 年至 2014 年五年间，平均每年开业 13.4 个，2015 年至 2019 年五年间，平均每年开业 29.8 个。2017 年和 2018 年开园数量最多，每年 38 个，其次是 2019 年，32 个。

规模等级。216 个项目中，特大型 43 个，占比 19.91%；大型 74 个，占比 34.26%；中小型 94 个，占比 43.52%；规模不足的有 5 个，占比 2.31%。43 个特大型项目中，24 个项目投资额超 50 亿元（含商业、地产），31 个项目占地面积超 2000 亩（含商业、地产）；74 个大型项目中，57 个项目投资额超 15 亿元（含商业、地产），56 个项目占地面积超 600 亩（含商业、地产）。

属性近似度。核心类 65 个，占比 30.09%；近似类 134 个，占比 62.04%；边缘类 17 个，占比 7.87%。65 个核心类主题公园中，规模等级在大型及以上的有 51 个，占比 78.46%。从核心类主题公园的主题类型及所属集团来看，22 个游乐园类（13 个方特集团旗下，3 个华侨城集团旗下，2 个万达集团旗下，1 个宋城集团旗下），15 个历史文化类（9 个方特集团旗下，6 个宋城集团旗下），11 个综合团组类（8 个为融创集团旗下，原属万达集团，1 个华侨城集团旗下），6 个影视娱乐类，5 个生态复合（1 个长隆集团旗下，3 个海昌集团旗下），4 个影视基地（均为华谊集团旗下），1 个单体海洋馆（海昌集团旗下）和 1 个冰雪戏水类。总体来看，这一阶段开业的核心类主题公园中，有 52 个园区属于方特、融创、海昌、华侨城、华谊、长隆和万达集团，占比约 80%。上海迪士尼乐园也在这一阶段开业。

主题类型。这一阶段开业的主题公园以游乐园（64 个，占 29.63%）为主，其次是生态复合类（42 个，占 19.44%）和冰雪戏水类（28 个，占 12.96%），接着是历史文化类（23 个，占 10.65%），影视基地类（18 个，占 8.33%），综合团组类（17 个，占 7.87%），最后是影视娱乐类（12 个，占 5.56%）和单体海洋馆（12 个，占 5.56%）。8 个类型的公园在这一阶段均有开园。

（四）高质量发展转型期（2020 年至今）

2020 年开始，随着市场竞争的日益激烈和公共卫生安全事件的影响，中国主题公园逐步进入高质量发展转型期，呈现出以下几点特征：（1）新开园项目数量减少，占地面积较前三个阶段有明显下降，土地集约化利用，投资趋于理性；（2）主题化程度提升，影视娱乐、历史文化和冰雪戏水主题公园快速发展；（3）本土品牌持续扩张，多元产品矩阵基本形成，园区主题与体验产品迭代升级。

开业时间。在 2020 年后开园的项目有 105 个，占总数的 25.61%。2020 年至 2024 年五年间，平均每年开业 20 个主题公园，2021 年开业数量最多，达到 28 个。

规模等级。105 个项目中，特大型 23 个占比 21.90%；大型 36 个，占比 34.29%；中小型 39 个，占比 37.14%；规模不足的有 7 个，占比 6.67%，总体来看大型及以上项目共计 59 个，占比 56.19%。23 个特大型项目中，16 个投资额超 50 亿元，单个园区投资额最高的是北京环球影城度假区（460 亿元），13 个占地面积超 2000 亩。36 个大型项目中，29 个投资额超 15 亿元，25 个占地面积超 600 亩。

属性近似度。105 个项目中，核心类 46 个，占比 43.81%；近似类 49 个，占比 46.67%；边缘类 10 个，占比 9.52%。46 个核心类主题公园中，规模等级在大型及以上的有 36 个，占比 78.26%。从核心类主题公园的主题类型及所属集团来看，有 15 个历史文化类（7 个方特集团旗下，5 个宋城集团旗下，1 个只有系列），影视娱乐类 12 个（4 个方特集团旗下，1 个只有系列），综合团组类 7 个（4 个融创集团旗下），游乐园类 6 个（4 个华侨城集团旗下，1 个方特集团旗下），6 个生态复合类（2 个长隆集团旗下，2 个海昌集团旗下，1 个华侨城集团旗下，1 个方特集团旗下）。总体来看，这一阶段开业的核心类主题公园中有 33 个属于方特、华侨城、长隆、海昌、融创集团，占比约 72%。北京环球影城在这一阶段开业。

主题类型。这一阶段开业的主题公园以生态复合（22 个，占 20.95%）和游乐园（20 个，占 19.05%）为主，影视娱乐类 18 个，占比 17.14%，历史文化类 17 个，占比 16.19%，冰雪戏水（14 个，占 13.33%）和综合团组类（11 个，占 10.48%）项目在这一阶段也有少量园区开业，单体海洋馆开业 1 个，占比 0.95%。

三、中国主题公园发展现状

（一）市场规模庞大与消费需求升级

中国主题公园产业持续升级，市场规模不断扩大，大型主题公园增长速度领先世界其他地区。2010 年以来，平均每年有 20 个主题公园新开园，其中 11 个规模等级在大型及以上。主题公园客流增速快，全球 TOP25 主题公园排名中，中国主题公园数量由 2014 年的 2 家增至 2023 年的 6 家，总游客量占比从 2014 年的 5.20% 提升至 2023 年的 20.68%，毋庸置疑，中国已成为全球最具活力的主题公园市场。不同规模等级、主题类型的主题公园分布广泛，形成了多层次、广覆盖的市场格局。

随着中国经济的快速发展和居民收入水平的提高，消费者对主题公园的需求也发生了显著变化。从观光游到体验游，消费者不再满足于简单的观光游览和设备体验，而是更加注重沉浸式、互动式的体验，追求身临其境的感受。从大众化到个性化，消费者更加注重个性化体验，以满足不同年龄、兴趣和消费能力的游客需求。从单一化到多元化，消费者对主题公园的需求更加多元化，除传统的游乐设施外，还希望体验到文化、科技、演艺等多类型产品。

（二）科技创新促进产品与体验重塑

科技的广泛应用已成为行业发展的核心驱动力。新技术的运用推动了主题公园产品的迭代升级，提升了传统游乐设施的互动性、刺激性、安全性，拓展了虚拟与现实结合的可能性，为游客提供了更多个性化的服务与娱乐内容。VR、AR、MR 等技术打破物理空间限制，提升感官刺激和参与感，为游客打造身临其境的沉浸式体验。人工智能、大数据等技术应用于园区管理、游客服务，如智能导览、人脸识别入园等，可以提高运营效率，优化游客体验。数字技术如全息投影，用于打造虚拟角色、场景和故事线，丰富主题公园的内容呈现形式，增强视觉冲击力和互动性。

科技创新打破了传统主题公园以游乐设施为主的模式，创造出更多元化的体验项目，例如沉浸式剧场、互动展览、科技体验馆等，满足游客多样化的需求。科技赋予游客更多主动权，例如通过手机 App 参与游戏互动、定制个性化游玩路线、预约项目时间和购买产品等，提升游客的参与感、体验感和便利性。科技模糊了现实与虚拟的界限，例如通过 VR 技术将游客带入虚拟世界，体验现实中无法实现的场景和故事，拓展主题公园的体验边界。伴随科技的发展，主题公园产品与体验会加速升级迭代，更加智能化、个性化和虚拟化。

（三）打造传统文化 IP 成为破圈之道

中国主题公园产业迅速发展的同时也面临着同质化竞争、创新不足等问题，特别是在国际品牌主题公园加速布局的背景下。打造传统文化 IP 正成为本土主题公园实现破圈的重要策略。利用中国神话、中国科幻、历史事件、文学作品等打造具有文化深度的沉浸式体验，将中国传统文化元素融入主题和项目设计中，不仅提升了游客的娱乐价值，也助推了中华文化的传播与弘扬，彰显文化自信。以黄河文明为根基的只有河南·戏剧幻城，以中式审美讲述每个人心中都有一本读不尽的《红楼梦》的只有红楼梦·戏剧幻城，更适合中国宝宝的淮安西游乐园等主题公园的火爆，都反映出本土主题公园品牌利用中国元素、发扬中国文化特色，实现破圈。方特集团深入挖掘白蛇传、女娲补天、梁山伯与祝英台等知名的公共版权 IP 及影视故事情节，开发了水漫金山、女娲补天、梁祝等项目，形成品牌独有且可内部复制的旅游体验产品，降低产品开发成本，形成 IP 产品链条，提升核心竞争力。随着数字技术与传统文化的深度融合，技术将赋能传统文化 IP 释放出更大的能量，推动中国主题公园行业发展迈上新台阶。

（四）国际品牌引进与本土品牌崛起

国际品牌和本土品牌在中国主题公园市场的竞争呈现出“高端引领、本土主导”的格局，两者相互竞争、相互促进。国际品牌凭借强大的 IP 号召力和运营经验占据高端市场，而本土品牌则依靠本土化和性价比优势在中低端市场占据主导地位。国际品牌拥有全球知名的 IP，具有强大的吸引力和粉丝基础；在主题公园设计、运营管理、游客服务等方面经验丰富；瞄准一线城市和高消费群体，提供高品质的主题公园体验。本土品牌聚焦本土文化和区域市场，在建设和运营成本上更具灵活性，深耕二、三线城市和区域市场，满足不同层次游客的需求，通过持续的品牌扩展与市场布局，逐步增强市场竞争力。随着市场的进一步发展和消费者需求的升级，国际品牌和本土品牌将更加注重本土化、国际化和差异化发展，为中国主题公园行业注入新的活力，共同推动中国主题公园行业的繁荣发展。

（五）企业盈利困难与投资趋向轻资产

近年来，受经济环境和主题公园产业自身因素影响，中国主题公园企业盈利困难。《2024 中国主题公园竞争力评价报告》显示，87 家特大型和大型主题公园中有 62.79% 的园区绩效表现差（上海迪士尼乐园为 100 分，低于 5 分为绩效表现差），22% 的园区处于亏损状态，多数主题公园项目更新缓慢甚至停滞。2024 年，华强方特主题公园业务运营毛利率下降 21%，且个别子公司出现了持续亏损。同样在国内市场颇具影响力的海昌海洋公园，2024 年归属母公司拥有人的净亏损约 7.4 亿元，亏损同比扩大 275%。华侨城文旅板块 2024 年收入 272.99 亿元，同比下滑 13.03%，毛利率同比减少 4.76%。

多元化、沉浸式和轻资产成为新型主题乐园的共同选择。海昌海洋公园积极推进轻资产转型，从建造乐园转向运营乐园。2021 年公司剥离部分重资产项目，2022 年推出海昌海洋馆和海昌海洋探索馆品牌，通过模块化改造方案赋能存量水族馆，具有高度可复制性，提出 3 年内实现管理运营 100 家的目标。华强方特开创轻资产输出的“主题公园 + 城投”模式（主题乐园设计 + 建设 + 品牌输出 + 运营管理 + 后续更新）。2024 年，华强方特主题乐园设计费盈利 9.34 亿元，毛利率高达 90.08%，后续更新盈利 4.77 亿元，毛利率达 76.64%。以“文旅 + 地产”为代表的华侨城集团近年来也在持续抛售文旅项目，转向轻资产和精细化运作。

（六）房企收缩与城投旅投谨慎投入

与迪士尼乐园、环球影城等国际巨头动辄百亿的投资规模相比，国内主题公园项目普遍面临融资难、投资回报周期长、政策风险高等问题，导致政府城投、旅投公司谨慎投入，房地产企业资金链紧张，无力持盘。过去，地方政府和城投公司是主题公园的重要投资方，但近年来政策环境趋严。2018 年，国家发展改革委等五部门联合发布《关于规范主题公园建设发展的指导意见》，严控“假公园真地产”模式，要求主题公园与房地产脱钩，导致大量依赖地产反哺的文旅项目搁浅。2022 年以来，城投公司融资受限，对大型文旅项目投资更加谨慎。过去十年，恒大、融创、万达等房企曾大举进军主题公园，试图通过“文旅 + 地产”模式变现，但如今这一模式已难以为继。在此背景下，加上全球经济格局的重构与国内提振消费效果释放仍需时日，主题公园等大型文旅项目从现有资金渠道获得支持的难度加大，需要探索新的资金来源和投资模式。

四、中国主题公园产业发展机遇

（一）坚定文化自信，铸就中国文化主题公园品牌

1. 主题公园是国际文化交流的重要载体

当前，全球主题公园产业由少数跨国巨头主导。美国的迪士尼和环球影城两大集团凭借强大的IP资源和品牌优势，占据了领先地位。迪士尼通过塑造米老鼠、公主系列、漫威英雄等经典形象IP，并在影视、周边商品等全产业链变现，成为全球主题公园收入最高的运营商。环球影城依托电影IP打造沉浸式体验，在全球扩张中稳居行业龙头。二者在美欧亚多地布局大型度假区，每年接待数亿人次游客，不仅直接创造门票、酒店、餐饮、商品等收入，还通过主题文化的输出影响着全球游客，对当地旅游产业和经济发展形成强大带动效应。迪士尼乐园通常投资高达数十亿美元，配套多个主题园区和酒店，游客平均停留达数日，成为目的地城市的消费增长引擎。通过主题公园和旅游娱乐的全球扩展，美国等西方国家的文化价值得到传播，不仅促进了西方文化价值提升，更使得其影响了更多的受众。中国应该大力发展具有中国文化IP的主题公园，构建新时期全球文明交流互鉴的新渠道、新平台。

2. 建设中国文化IP主题公园的时代意义

在文化旅游领域打造世界一流的“中国创造”主题公园，对于提升国家文化软实力和实现品牌强国战略目标具有重大意义。首先，主题公园是文化传播的重要载体。通过将中华优秀传统故事、神话传说融入游乐体验，能够生动形象地向世界讲好中国故事，传播中华文化价值观，提升中国文化在全球的影响力和感召力。这契合了“文化走出去”和提升国家文化软实力的时代要求。展示中国文艺新气象，铸就中华文化新辉煌，为实现第二个百年奋斗目标、实现中华民族伟大复兴的中国梦提供强大的价值引导力、文化凝聚力、精神推动力。建设中国文化主题公园，正是以创意和科技手段打造文化精品、呈现中华文化魅力的创新实践。其次，打造自主主题公园品牌有助于培育国际化的中国文旅龙头企业。这将有利于增强民族文化自信心和凝聚力。让广大游客尤其是青少年在本土主题公园中领略传统文化之美，于潜移默化中树立文化自豪感，比简单说教更具感染力。以中华文化为魂的世界级主题公园，将成为文化自信的生动象征，激发全民对本民族文化的认同和热爱，为世界主题公园的发展注入新的文化价值和动能。

3. 中国传统文化 IP 具有强烈的现实需求

我国拥有悠久灿烂的文明和取之不尽的文化素材，这是建设文化主题公园的宝贵内容资源和市场基础。一方面，中华传统故事和神话传说家喻户晓，具有跨世代、跨区域的认知度。例如，《西游记》《封神演义》《山海经》等古典IP历经千百年传承，经由戏曲、影视、动漫、游戏等载体不断演绎，至今仍深受大众喜爱，拥有庞大的粉丝群体。孙悟空、哪吒等形象早已深入人心，全国各地相关文化园区和景点众多，这为主题公园开发提供了现成的题材。另一方面，近年来一批优秀的国产影视动漫作品证明了传统 IP 的强大号召力。《哪吒之魔童闹海》（2025 年）以现代动画重塑神话人物哪吒，取得票房佳绩，成为中国影史票房冠军，并跻身全球票房前列。中国观众对本土神话故事有着巨大的热情和消费潜力，这些成功的 IP 形象不仅在银幕上大放异彩，其衍生的周边产品热销，网络话题度高，具备向主题公园延伸的成熟条件。更重要的是，这些 IP 承载着中华文化的精神内核，如哪吒反抗命运、悟空勇斗强魔等价值观，可以通过主题公园的沉浸式场景进一步放大影响力。中国已经具备了打造世界级文化主题公园的内容富矿和受众基础：内容上有取之不尽的优秀 IP，市场上有数亿充满文化自信的新生代消费者。近年来，中国特色 IP 的大热也为行业提供了新思路——充分发掘本土文化 IP，将其转化为主题公园的创意源泉，完全有可能打造出现象级的中华文化主题公园。

（二）减少国际品牌，降低主题公园服务贸易依赖

1. 国际品牌扩张与旅游服务贸易依赖

国际知名主题公园进入中国市场的模式主要包括品牌特许授权、合资经营和直接运营三种类型。整体而言，国际主题公园在华发展以品牌授权和合资合作为主，直接独资运营非常少见。这种模式格局确保了外资品牌对其 IP 形象和服务质量的掌控，但也意味着国内每引入一家国际主题公园，本土市场就受到一定程度的“稀释”。

大量引进国际主题公园品牌，伴随的是大量的知识产权和服务费用外流。在品牌授权和合资模式中，外方通过特许费、管理费、股息等方式，从中国市场持续抽取收益。这在服务贸易统计上体现为知识产权使用费、特许经营费等项目的资金流出。例如，香港迪士尼开业初期因客流未达预期曾一度亏损，但仍需每年向迪士尼总部支付高额特许费和管理费。企业公开据数据披露，香港迪士尼需将门票收入的 10%、商品餐饮酒店收入的 5% 上缴迪士尼，管理公司另收取总收入 2% 的基本管理费。北京环球影城项目，虽然中方控股，但中方需一次性支付或按年支付巨额 IP 许可费，并在运营中采购环球指定设备和服务，其收益也有相当一部分交给美国环球公司。据统计，2020 年前后，中国服务贸易逆差中很大一部分来自知识产权和文化娱乐领域，对外付

费显著高于收入。这意味着我们在文化旅游领域存在“重资产在国内、利润跑海外”的问题。国际品牌在华项目赚取的利润，通过跨国公司内部结算最终计入其本国，造成我国文化旅游产业一定程度上对外资的利润依赖。从国家经济安全和长期发展来看，若任由这一状况延续，不仅每年大量资金外流，还可能在外部环境恶化时面临被“断供”IP 的风险。因此，降低对国外文化 IP 和服务的依赖具有紧迫性。

2. 提高自主能力以降低服务贸易依赖

百年未有之大变局给包括文化产业在内的各领域合作带来不确定性。在高科技领域，中方痛感“卡脖子”之忧，正在大力推进自主可控。文化领域虽不同于芯片等硬科技，但文化软实力同样关系长远竞争力。美国迪士尼、环球影城等文化巨头在主题公园领域长期占据优势，这实际上形成了我国文化消费的一种依赖。一旦地缘政治使然，这些企业调整在华战略甚至收紧授权，将对本土文旅产业造成冲击。鉴于此，在当前国际复杂形势下，未雨绸缪地降低对外资文化品牌的过度依赖，是保障我国文化产业安全和健康发展的必要举措。这并非排斥正常的国际合作，而是强调在开放中实现自主：通过培育本土主题公园品牌，以自主 IP 满足国内市场需求，减少服务贸易逆差和潜在风险。

（三）文旅市场复苏，主题公园发展促进消费增长

1. 全国文旅市场复苏

2023 年以来，随着消费信心回暖，中国文化旅游市场出现强劲复苏态势。万联证券发布的数据显示，2023 年春节黄金周全国国内游客人数达 3.08 亿人次，实现旅游收入 3758 亿元人民币，已恢复至 2019 年同期约 90% 的规模。2025 年春节假期，全国国内出游 5.01 亿人次，国内出游总花费 6770.02 亿元，同比增长 7.0%。近年来，“五一”假期和“十一”黄金周更是屡创新高，多地游客接待量和收入超过 2019 年同期水平。文化和旅游部的统计数据表明，全国国内旅游总人数和总收入呈现 V 形反弹。进入 2025 年，在各项促消费政策推动下，旅游市场延续升温势头，呈现出“量价齐升”的良好局面。与此同时，国家层面密集出台措施支持文旅行业加速复苏和高质量发展。例如，国家发展改革委出台《关于恢复和扩大消费的若干措施》中，将文化旅游消费作为重点；文化和旅游部推出“文化和旅游消费促进计划”，在全国开展文旅消费季、发放文旅惠民消费券等活动刺激需求。全国文旅行业正走出低谷，进入新一轮增长通道。游客出行意愿得到释放，从近郊短途游到跨省长线游全面增长，国内游的繁荣为主题公园等景区带来了海量客流和商机。

2. 主题公园促进消费效果显著

主题公园被誉为“旅游消费的发动机”，其综合带动效应在实践中表现卓越。一座

大型主题公园往往集“食、住、行、游、购、娱”六要素于一体，游客在园区内外的消费远不止门票收入本身，而是全方位、多层次的。直接消费方面，游客购买门票进入园区游玩，园区内餐饮以及纪念品、玩具等零售消费随之产生。中国主题公园研究院数据显示：国际知名主题公园中，门票收入往往只占总收入的 30%~40%，超过一半收入来自园区内购物、餐饮等二次消费。相比之下，我国多数主题公园门票收入占比仍高达 70%，二次消费占比较低，提升游客在园区的综合消费还有很大空间。主题公园对住宿、交通等关联行业拉动显著。很多游客为充分体验，会选择在景区附近酒店过夜，带动当地酒店入住率上升。例如，北京环球度假区开业首年，其周边酒店和民宿预订量同比增长近 50%，过夜天数显著增加；上海迪士尼度假区，自 2016 年运营以来，带动浦东川沙一带涌现大量主题酒店和民宿，“住迪士尼附近”成为新的热门。北京环城度假区带动演艺、动画制作、衍生品开发等多类文旅企业入驻通州文化旅游区。园区每举办一场大型活动，都需要演出策划、布展搭建、广告宣传等服务，间接拉动会展演艺、创意设计等行业的发展。主题公园通过直接消费 + 间接消费 + 产业链消费，对经济增长的乘数效应十分可观。主题公园作为消费引擎，对促进文旅消费、拉动内需具有独特作用。在当前国家大力刺激消费、培育新增长点的背景下，充分发挥主题公园的引擎功能，将为经济持续复苏和高质量发展增添强劲动力。

五、中国主题公园产业发展趋势

（一）特大型主题公园发展趋于谨慎

按照主题公园体量，具备目的地级吸引能力、能够吸引大规模中远程市场，满足人们游乐、住宿、餐饮、购物等一站式综合消费的特大型主题公园，例如上海迪士尼度假区、北京环球度假区、珠海长隆度假区等，市场开发逐渐趋于谨慎。其主要原因包括以下三点：第一，具备开发能力的后备企业集团不足。目前，全球具备综合性大型目的地级主题公园整体开发能力的企业集团屈指可数，处于行业头部地位的迪士尼集团、环球影城集团等国际品牌均已布局国内，而其他国际品牌尚不完全具备类似的整体开发能力。国内主题公园集团中，现阶段能够同时开发并成功运营特大型主题公园、购物中心、演艺剧场、主题酒店等业态的只有长隆集团。大型文旅企业集团中，中旅集团、华侨城集团具备一定的开发能力，但部分业态综合运营效益不佳。第二，一线城市核心市场竞争激烈。从客源需求、经营能力、市场环境、投资规模、占地面积等方面考虑，具备建设并成功运营大型目的地级主题公园的城市主要是北上广深等大都市区，这些区域均已有特大型、目的地级主题公园布局经营，而其他次一级城市或城市群短期内条件尚不成熟。第三，特大型主题公园的长期盈利情况尚不明朗。国内现已运营的目的地级主题公园中，除本土品牌的珠海长隆度假区已经实现了投资成本回收及可持续盈利外，北京环球度假区和上海迪士尼度假区尽管游客量及营销声量较大，但考虑前期投资及授权管理等费用，这些项目的持续综合盈利状况需要时间显现。

（二）中等投资的区域级公园受青睐

从全局市场来看，实际投资规模在 10 亿 ~50 亿元的区域级主题公园备受青睐。从近十年新开园主题公园的投资额可以看出，开发商更偏好于中等投资规模的主题公园，这与文旅企业纷纷进军下沉市场，前往二、三线城市布局相关，但同时也意味着越来越多的文旅企业投资更谨慎。目前，华侨城集团的欢乐谷系列、卡乐星球系列、奇幻谷系列，华强方特的欢乐世界、梦幻王国、东方神画等系列主题公园都属于区域级或城市级主题公园。部分号称投资规模较大的国际品牌主题公园如乐高乐园等，其实际项目体量和市场结构也基本符合区域级主题公园的属性。

区域级主题公园将在未来一段时期成为中国大型主题公园发展的主力军，主要原因如下：第一，符合开发条件的城市更多。区域级主题公园对投资规模和用地面积的需求相对可控，占地面积根据主题差异通常在 300~1000 亩，投资金额在 10 亿 ~50 亿元，许多一线城市甚至二线城市都满足条件。第二，实现可持续经营的市场门槛较低。由于投资体量较小，维护成本相对较低，在投资和建设成本控制有效的情况下，如果后期经营顺利，许多区域级主题公园都能实现可持续经营。第三，符合集团企业的发展战略和需求。区域级主题公园从投资体量和市场站位来看，符合集团化文旅企业在全国市场发展布局的需求，也是目前国际国内许多主题公园企业集团业务发展的重点。

（三）文化复合与微度假模式成新增长点

受疫情影响，我国整体旅游市场呈现出由传统观光游向休闲度假游的转变，旅游产品也逐渐由单一观光产品向复合型旅游产品转变。在此背景下，以“主题乐园 +”为核心产品模式的微度假业态成为文旅市场的重要趋势。微度假模式能显著提升散客比例、客单价及游客停留时间。“乐园 + 酒店”“乐园 + 商业综合体”等产品组合方式增强了传统主题乐园的度假属性，使得融合主题娱乐、新潮消费和品质度假且可以满足 2~3 天微度假需求的项目更加受到市场欢迎，以微度假为代表的周边游产品逐渐完成迭代更新并迎来二次增长。

在市场需求与产品更新的背景下，进一步要求主题公园从规划设计与建设开发上，依托核心 IP 打造复合型文化主题，配套打造功能板块，形成主题特色突出、板块错位发展、游线清晰明确的综合性项目。近年来，国内的主题公园品牌在园区的 IP 化、主题化方面进行了较多尝试，较为成功的案例主要是通过引进、组合多项优质 IP，发展多种业态，打造复合型主题化项目。复合型文化主题的构建，有助于呈现鲜明主题、提高主题公园吸引力、提升品牌认知度，加强文旅产业的融合发展和价值链开发，帮助品牌在众多同质化的主题公园中脱颖而出。

（四）沉浸式及混合现实技术重塑体验边界

随着体验经济的发展，沉浸式理念已经渗透到千亿级线下娱乐市场的各个场景中。沉浸式的体验产品，不仅在最为集中的主题公园 / 主题型乐园中不断进化迭代，也出现在休闲产业、旅游景区、文化空间、商业地产等各个领域。小到网红打卡点、密室项目，大到全域沉浸目的地和沉浸式主题公园，沉浸式休闲旅游产品已经成为行业和市场中的热点话题。文化和旅游部《“十四五”文化和旅游发展规划》指出，要发展新一代沉浸式体验型旅游产品，培育云旅游、云直播，发展线上数字化体验产品；鼓励定制、体验、智能、互动等消费新模式发展，打造沉浸式旅游体验新场景。

主题公园行业正通过进一步发展沉浸式体验技术提高顾客价值和客均收益。通过应用前沿科技，主题公园不仅可以通过更具颠覆性、更引人入胜的体验，鼓励游客进入虚幻空间进行探索，更可以结合巧妙构思的环境背景，帮助游客塑造在虚拟世界中的个性角色。5G、AR、MR、VR 等技术已逐渐被应用到主题公园园区设计之中，并随着技术的更新换代不断完善。除了既有独立 IP 的沉浸式转化，沉浸式技术的进步还将允许主题公园以承载的复合型 IP 为原点，为游客打造高度私人化、定制化的服务内容，并依据游客对感兴趣的场景、产品或服务的有价值的建议，进一步完善该虚拟空间。

（五）线上营销与线下体验深度融合

近年来，人们的注意力向线上高度聚拢，基于线上的高互动性、高可视化的营销方式已经成为主流；而线上营销的流量在疫情后陆续兑现，转化为实际的旅游消费。这就要求主题公园更好地结合线上营销与线下体验场景。主题公园积极应用智慧化园区管理、大数据、云平台、小程序、云直播等技术手段，为游客提供线上与线下相结合的优化体验。主题公园需要更好地融合技术经验，沿用有效技术工具，进一步强化线上主题化营销优势，向游客呈现优质项目场景与服务。另外，主题公园运营方可进一步迭代相关技术，帮助新技术在旅游业尤其是主题公园产业中的进一步发展，有利于其直接转现，加快实践中的应用速率。

高度沉浸式的线上营销，也要求主题公园在线下创造多样化的、有吸引力的、非观光性的沉浸式产品，切实地将线上潜在游客兑现为真实的消费者。例如，可以适当结合核心主题，补充一些有特色、有创意、自带流量的旅游项目，如沉浸式体验场景、全息视觉盛宴、夜游体验等视觉冲击力强的数字艺术。基于自身优势特点，寻找主题全新的内涵和意义，通过科技、文化、艺术的有机结合，打造可视化的高品质长线旅游产品，找准宣传爆点，极致发挥引流效果，增加主题公园的吸引力与重游率。

第二章

中国主题公园城市投资机会分析

梁增贤　罗　卉　吴伟勋

随着中国经济的快速发展，人口不断向城市集聚，许多城市面临休闲娱乐空间总量不足和结构失衡的问题。主题公园开发成为许多城市满足城市居民日常休闲娱乐需求的重要选择。然而，主题公园不同于一般的休闲娱乐项目或旅游项目，它的开发管理难度可能是相同体量景区中最高的。主题公园投资规模大，占地面积广，且主要是城市用地，潜在市场规模对主要是2小时范围内的常住人口和流动人口（含旅游者）要求高，因而对所依托的城市提出了门槛要求（梁增贤和保继刚，2012，2014；梁增贤和董观志，2011）。尽管当代主题公园从社区级、城市级、区域级到目的地级均有，投资从几千万元到几百亿元都有可能（梁增贤，2016；Clave，2007），但大中型主题公园的开发并非所有城市都适宜。

国家发展改革委联合多个部委颁发《关于规范主题公园建设发展的指导意见》指出，许多主题公园开发水平低且重复，缺乏竞争力，浪费了城市宝贵的资金和土地资源，一些地方政府也因此背负沉重的债务。要求省一级政府要根据本地区经济社会发展情况、区域人口规模、城市化程度和旅游市场条件等因素，严格科学论证，统筹协调，避免恶性竞争和低水平重复，尤其是要防范地方债务、社会、金融等风险。政府和业界已经逐步意识到城市开发主题公园受到诸如经济社会发展情况、区域人口规模、城市化程度和旅游市场条件等因素的影响，是有门槛的。因此，有必要基于现有理论和中国主题公园的发展经验，构建城市开发主题公园的投资机会分析模型，并具体评测中国各个主要城市开发主题公园的适宜性。

一、模型构建

（一）研究范围与指标

早期学者主要从主题公园的角度出发，选择合适的城市和地块选址布局。保继刚（1994）针对大型主题公园提出了影响主题公园选址布局的因素包括城市形象感知、适宜的区位、产业的集中和分散等，其中适宜的区位包括宏观区位（城市选择）和微观区位（城市内区位）。随后，保继刚（1997）根据中国大型主题公园发展经验，进一步完善，提出了客源市场和交通条件、区域经济发展水平、城市旅游感知形象、空间集聚和竞争、决策者行为，由此构建了大型主题公园发展影响因素的系统，分为主客观因素两个方面，而客观因素又划分为 2 个必要条件和 2 个限制条件。其中，必要条件是客源市场和交通条件以及区域的经济发展水平，它们关系到游客市场的大小、基础设施条件、投资能力和游客的消费水平，作为以高投入、高门票为特点的主题公园，缺少这两个条件中的任何一个都不能成功。基于上述影响因素体系，闫闪闪等（2016）构建了包含 16 个因素的三级指标体系，涉及人口因素、经济因素、交通条件和旅游市场因素，并运用层次分析法（AHP）和熵权法（EWM）对指标确权，计算了全国 33 个主要大中城市建设主题公园的适宜性。

这项工作已经有了很大进步，但仍存在几个局限性：第一，只是给出了各个城市的排名，那么排名在前几位的城市是否适合开发主题公园呢？第二，模型测量选择的城市主要是区域中心城市。然而，为了节约土地成本，很多主题公园开发有时候不选择中心城市，而是选择同一市场区位下 1~2 小时车程范围内的二、三线城市，比如江苏常州和安徽芜湖。第三，主题公园区位选址存在宏观和微观两个层面，竞合问题可能也存在尺度的差异，采用单一模型将不同因素放在同一层面测量，并不那么准确。

根据规模和市场吸引范围，一般将主题公园划分为目的地级、区域级、城市级和社区级（Clave，2007），不同级别的主题公园开发规模不同，所需要的门槛游客量就不一样。区域级主题公园的门槛游客量在 200 万 ~300 万人次。当然，这要视具体投资规模而定，部分老公园因完成了折旧摊销，其门槛容量可能低于 100 万人次。由于全球的目的地级主题公园主要是迪士尼和环球影城，其在美国以外的选址都位于全球大型城市，如东京、巴黎、香港、上海、新加坡、北京。因此，本章仅重点分析区域级和城市级等大中型主题公园选址的问题。

（二）潜在市场规模测算

欢乐谷系列、广州长隆欢乐世界等属于典型的区域级主题公园。深圳、北京、上海、成都、武汉等主题公园的投资规模基本在 17 亿 ~25 亿元，越往后投资规模越大（保继刚，2015）。考虑到华侨城集团在控制开发成本方面已经积累了相当的经验，加之现金投资和建设成本相应增长，目前投资一个类似欢乐谷一样的主题公园大概需要 30 亿元。根据保继刚（2015）提出的测量主题公园门槛游客量的模型，按照目前欢乐谷、方特、长隆等公园标准门票定价于 230 元左右的水平，区域级主题公园在 30 亿元投资的情况下，门槛游客量至少为 280 万人次，才能实现盈亏平衡。

如果一个区域级主题公园需要 280 万人次才能实现盈亏平衡，那么一个城市需要多少人口呢？或者说这个区域级主题公园周边 2 小时车程范围内需要多少人口呢？这就涉及渗透率问题。市场渗透率指的是在区域主题公园总体市场中，某个主题公园品牌（或者品类，或者子品牌）的产品的使用（拥有）者比例，也可以直接理解为用户渗透率或者消费者占有率，是一个品牌在市场中位置的总和，它是多年形成的结果。市场渗透率用以衡量现有市场区间群体访问一处景区的倾向性，一般表示为总客流量在相关市场总体规模中的比例。市场渗透率乘以每个现有市场范围内的合格市场人数，即为预测的潜在客流量（古诗韵，2013）。

美国主题公园高度依赖一级市场，但各个公园之间渗透率的差异显著，市场渗透率从 13.4% 到接近 60%（王刚，2009）。古诗韵（2013）将深圳欢乐谷的市场划分为两级：一级市场，即本地居民市场；二级市场，即本市以外的市场。经测算，到 2018 年，深圳欢乐谷的一级市场渗透率在 25% 左右，而总体市场（一级和二级）的渗透率应该在 30% 左右。值得注意的是，由于深圳没有自然风光和历史遗迹，主题公园是城市主要的娱乐项目，其市场渗透率应该高于全国其他城市。换句话说，30% 的市场渗透率，在中国应该属于较高的市场渗透率。其他历史遗迹丰富、自然旅游资源雄厚、休闲娱乐选择较多的城市，其主题公园的市场渗透率不会比欢乐谷高。

综合门槛游客量和渗透率的分析，280 万人次的门槛游客量需要中心城市区域 2 小时范围内的市场人口应该达到 900 万人以上（280 万 /30%），且能够较为日常地接受 200 元以上的门票价格。

（三）评估模型的建立

根据前面分析，结合 Clave（2007）提出的区域级主题公园的建设标准，区域级主题公园布局的城市区域要求需要满足以下几点基本要求。

第一，2 小时车程范围内 900 万人以上（约 280 万人次的门槛游客量 /30% 的渗透率≈900万人）；

第二，区域范围内经济较为发达（以确保具有较好的、可持续的重复购买力）；

第三，有较大规模的区域旅游者（2小时车程外市场，占主题公园游客量的10%~30%）；

第四，区域交通条件优秀（尤其是大型公共交通通达性）；

第五，气候条件适宜（主题公园全年营业时间较长，雨日数少）。

然而，上述因素，既有宏观层面的，也有中观和微观层面的，其中一些因素还同时涉及宏观和微观尺度，如交通条件。构建一个区域级主题公园城市选址模型，可以从宏观选址、中观选址和微观选址这三个角度根据具体指标和数据，一步步进行区域级主题公园市场选址的衡量和评价，确定合适的选址，主要分为3个层次和步骤。

宏观选址：确定以某个区域中心城市为原点，辐射周边大致2小时车程范围内的区域。例如以广州、上海、北京、西安、成都、武汉为中心城市。当然，某些区域中心城市的2小时车程半径区域可能有重叠，例如广州和深圳、天津和北京、无锡和苏州等。无论是否重叠，或者重叠多寡，测算方式都是一样的。

中观选址：是指在宏观选址确定的区域范围内选择特定的城市，一般是地级市，部分发达区域可以选择县级市（或县）。例如，在广州2小时车程范围内的城市就要评估广州、东莞、深圳、清远、中山、珠海等城市。许多成功运营的主题公园并不一定选择区域内经济最发达的大城市，而是选择周边的中等城市。

微观选址：指在中观选址确定的城市中选择适宜开发主题公园的地块，是非常具体的选址。例如，在广州开发主题公园，是选择在天河区、番禺区还是海珠区的哪一块地块？微观选址需要考虑的因素很多，许多失败的主题公园项目其实在宏观选址和中观选址上都没有问题，就是在微观选址欠妥，导致开业后游客量低于预期。

二、指标遴选与数据获取

本评测模型各层级主要影响因素及其权重通过两轮专家打分法确定。在第一轮次中，课题组根据现有研究和研究者经验罗列一系列影响因素，并根据影响层级进行划分，部分因素可能同时在多个层级出现。课题组将罗列的影响因素清单发给专家，由专家按照李克特5度量表进行评分。最终将影响程度最大的4~5个因素作为该层级的影响因子。在第二轮次的专家咨询中，课题组增加了受访专家的样本，将前一轮确定的各层级因子列出，向专家咨询权重。最后根据专家给出的权重平均值取整，得到模型权重。

数据来源：气候数据范围为 2024 年全年均值，来自 https://www.tianqi24.com；人口数据、经济数据和旅游数据来自第七次人口普查数据报告，各省、自治区、直辖市和地级市的 2024 统计年鉴、统计公报；国家 A 级旅游景区数据截至 2023 年 12 月 31 日；主题公园数据来自第一章课题组数据统计。

（一）宏观选址

区域级主题公园的宏观选址主要考虑气候条件、区域人口规模、区域经济水平和区域旅游发展这四个评价要素。如果以宏观最佳选址条件为 100 分计算，那么评价要素的占比是：宏观选址（100 分）= 气候条件（20 分）+ 区域人口规模（30 分）+ 区域经济水平（30 分）+ 区域旅游发展（20 分）。其中，气候条件主要指影响最大的气温条件和雨日数，适宜气温月份使用各月平均气温，一般气温越低或越高越不适合，同时全年雨日数越少越好；区域人口规模包括区域常住人口和流动人口；区域经济水平用区域 GDP、人均 GDP 和第三产业比重来测算；区域旅游发展用区域旅游人数和旅游收入来测算。

（二）中观选址

区域级主题公园的中观选址主要考虑该城市的交通条件、城市旅游发展、竞合状况和周边配套这四个评价要素。如果以中观最佳选址条件为 100 分计算，那么评价要素的占比是：中观选址（100 分）= 交通条件（40 分）+ 城市旅游发展（20 分）+ 竞合状况（30 分）+ 周边配套（10 分）。其中，交通条件需要同时评估城市通往区域中心城市和周边城市的外部交通和城市内部的交通情况，这是中观选址的关键，必须能够确保大客流顺利、便捷地到达，尤其是必须具有通达区域中心城市的公共交通系统。

城市旅游发展包括该城市的旅游人数、旅游收入、星级饭店数量和城市旅游吸引力，其中城市旅游吸引力采用专家打分法，判断依据为：

1. 该城市是否为区域旅游流的主要方向；
2. 该城市是否为区域旅游资源的富集区，城市旅游形象是否较好；
3. 该城市是否有良好的旅游消费习惯（包括夜间）。

竞合状况方面需要同时考虑该城市与 2 小时车程范围内区域城市的同业（旅游景区、主题公园）竞争状况，其中一个竞争关系的专家打分项是用于调整中观选址的个体差异因素，由专家主观判断好坏，判断依据为：

（1）与城市现有主题公园是竞争还是合作；

（2）是否可借力（周围的核心景区）；

（3）城市是否已经具有良好的主题公园现实市场；

（4）是否有与主题公园形成互补的城市其他景区；

（5）城市是否有与主题公园相关的产业链；

（6）是否有与主题公园相配套的酒店和餐饮品牌。

周边配套也采用专家打分法，定性标准为：

（1）城市商务区越发达，城市后工业特征越明显，越适合布局；

（2）城市工业越发达，工业形象越浓重，越不适合布局；

（3）城市住宅区越多，尤其是高端住宅区越多，越适合布局。

（三）微观选址

区域级主题公园的微观选址涉及诸多个体地块因素，具体城市的旅游流向、流速、流量和流质（社会人口结构）不同，不可简单量化评估，针对具体地块，需要开展可行性研究，具体要求如下：

（1）市场研究：潜在市场规模和消费能力，现有旅游流的流向、流量、流速和流质，目标市场的消费习惯和偏好，目标市场的消费者行为规律（出游范围、出游组合、出游方式等）；

（2）地块研究：地块小气候分析、地块的地形地貌、水系状况、周边社区状况、周边商业状况、周边工业开发状况等；

（3）交通分析：公共交通状况、外部交通状况、交通服务、停车场规划、轨道交通等；

（4）旅游区位分析：周边旅游景区和线路的竞合关系、周边配套分析等。

三、结果与讨论

（一）测算过程

根据区域级主题公园的宏观选址指标体系和区域级主题公园的中观选址指标体系，对中国主要城市进行主题公园开发的适应性进行了评价，遵守评分规则和评分标准。第一，两个层次独立评分，互不影响，如宏观选址评分高，并不会折算到中观选址评分；第二，上一层级决定下一层级，如宏观选址不理想，就没有必要继续中观、微观选址。

首先，根据全国城市的旅游发展和主题公园发展现状，选取了 29 个城市作为区域级主题公园测算中心城市；

其次，以中心城市为原点，2 小时车程半径区域（适当考虑高铁非换乘 1.5 小时内）确定区域内其他城市范围，共计 123 个城市纳入分析（区域交叉重叠为 158 条城市数据）；

最后，对各区域宏观得分进行计算，并测算各城市的中观得分。中心城市仅呈现作为区域中心城市的结果，不呈现在其他区域中作为周边市场的评分，例如珠海既是中心城市，也在广州、深圳 2 小时城市圈内，仅呈现作为中心城市的测算结果。其他交叉重叠城市仅呈现总分最高结果，宏观得分和中观得分在 60 分以下的非中心城市不呈现数据结果。经过上述筛选，共剩余 39 个城市数据，结果见表 2-1，加粗城市为区域中心城市。

（二）结果分析

由于北、上、广、深已经开发了相当数量的区域级主题公园，这些城市即使有良好的宏观区域得分，但在选址开发区域级主题公园的时候，仍需谨慎，因而中观评分并不一定比其他二、三线城市高。上述评分表仅供参考，在使用上需要注意几个问题。

表 2-1　中国城市开发区域级主题公园的选址宏观、中观得分情况（单位：分）

排序	城市	宏观得分	中观得分	总分	排序	城市	宏观得分	中观得分	总分
1	**成都**	94	88	182	14	洛阳	86	75	161
2	**上海**	97	81	178	15	**珠海**	100	57	157
3	**深圳**	100	76	176	16	常州	93	64	157
4	**北京**	97	78	175	17	**青岛**	86	71	157
5	**广州**	97	77	174	18	**济南**	82	74	156
6	**南京**	93	76	169	19	**南宁**	63	91	154
7	**杭州**	94	74	168	20	**重庆**	76	77	153
8	**武汉**	84	84	168	21	**长沙**	72	80	152
9	**天津**	97	69	166	22	漳州	86	65	151
10	**厦门**	86	80	166	23	**大连**	79	72	151
11	苏州	97	67	164	24	**无锡**	97	53	150
12	泉州	86	76	162	25	**西安**	72	78	150
13	**郑州**	86	76	162	26	烟台	86	60	146

续表

排序	城市	宏观得分	中观得分	总分	排序	城市	宏观得分	中观得分	总分
27	开封	86	60	146	34	上饶	75	61	136
28	合肥	65	80	145	35	石家庄	58	76	134
29	宁波	78	64	142	36	崇左	63	64	127
30	南昌	75	65	140	37	哈尔滨	40	73	113
31	福州	61	79	140	38	太原	38	71	109
32	贵阳	66	72	138	39	兰州	35	71	106
33	九江	75	61	136					

第一，宏观选址分数越高，说明中心区域范围内潜在市场规模越大，80 分以上的区域内，或可选择多个城市布局。换句话说，这样的区域可以同时开发多个区域级主题公园。

第二，宏观选址分数越低，说明中心区域范围内潜在市场规模或购买力不足，宏观选址低于 60 分的中心区域尽量不要布局，但其范围内中观得分较高（超过 70 分）的城市，可以考虑布局一个投资较小的城市级主题公园，如哈尔滨、太原等。

第三，宏观选址在 60~80 分的区域，只能选该区域内中观选址得分最高的城市布局。

第四，同属于多个中心区域的城市，即使宏观选址得分较低，若中观选址得分较高，亦可考虑布局，如苏州、无锡、上海等中心区域内的其他城市。

第五，中观选址得分较低的城市（一般低于 70 分），建议缓投资或小投资。

第六，宏观选址低于 60 分、中观选址也低于 60 分的城市均不建议投资区域级主题公园，部分城市可考虑建设城市级主题公园。

注意，以上分析和评估仍有诸多例外，如：

第一，中国城市处于快速发展中，相关因素变化较快，尽管一些城市可能现在不适宜，但在未来几年内就可能达到开发区域主题公园的标准。

第二，本评测仅针对宏观和中观选址，并未就微观选址进行评估。在具体应用时，应该注意特殊的微观区位。例如，某些城市在宏观和中观选址上得分不高，但其某个地块却因为临近区域市场而可能具有较好的区位，适合开发主题公园。

第三，这个评估并未考虑具有能够吸引大规模专程市场的目的地级主题公园。目的地级主题公园的选址模式如前文所述，并不完全适用本模型。毕竟，目的地级主题公园自带相当比例的中远程专程市场，并不完全依赖区域市场。

总体上，随着中国经济的发展和城市化的加快，未来一方面城市居民对主题公园的需求将不断增加，另一方面满足主题公园开发区位条件的城市也将增加，从目前一线城市走向二线、三线甚至部分四线城市。本章内容仅仅为当前中国城市开发主题公园提供一个基准线。由于各个城市对主题公园开发和支持力度的不同，相应土地获取成本、项目建设成本、配套建设成本，甚至部分后期运营费用并不一定完全由公园承担，而是通过某种财税政策、投资激励措施、转移支付甚至国企参股投资等方式将开发成本转移到了其他主体。主题公园表面上的开发和运营商可能是轻资产运营。在这种模式下，由于不考虑开发成本折旧问题，那么主题公园适宜开发的城市要求就进一步降低了，适合开发的城市范围就扩大了，项目可行了，但主题公园的可持续经营仍缺乏足够潜在市场。

第三章

中国大型主题公园发展分析报告

罗　卉　陈倩绮　梁增贤

本章重点分析大型主题公园发展现状和趋势。由于特大型主题公园数量较少，本章所分析的大型主题公园会涉及一部分特大型主题公园。

近年来，随着中国经济的高速发展和文化旅游消费的升级，中国主题公园不仅在本土市场展现出强劲的发展势头，更逐步走向国际化舞台，成为全球主题公园行业发展的重要增长极。长隆、华强方特、华侨城等本土品牌凭借卓越的创新力和品牌化运营在国内外市场上崭露头角，成为推动中国主题公园行业发展的中坚力量。上海迪士尼乐园和北京环球影城等国际知名主题公园品牌的入驻进一步激活了市场活力，推动了中国主题公园市场的繁荣。在国际知名品牌加速布局、国内市场竞争加剧的背景下，中国主题公园行业在提升自身品牌吸引力和丰富游客体验方面正面临着新的考验。

首先，本章通过梳理中国主题公园在全球及亚太市场中的表现以及上海迪士尼乐园与北京环球影城两大国际知名的主题乐园在所属集团内部的经营表现，分析中国主题公园在国际市场中的地位与影响力。其次，通过对大型主题公园的统计数据进行系统整理与对比，揭示中国大型主题公园行业发展规模、结构及变化趋势；最后，基于现有数据和市场动态，本章将对未来中国大型主题公园的发展趋势进行预测。凭借翔实数据与专业分析，本书希望为相关决策者和行业参与者提供前瞻性的战略参考和实践指导，为中国大型主题公园行业的持续健康发展提供有力的数据支持和理论依据。

一、国际格局中的中国大型主题公园

（一）中国主题公园在全球和亚太市场的表现

1. 全球市场表现

中国主题公园在全球市场中的表现日益突出，市场份额持续增加，影响力和竞争力也不断提升。根据2014年至2023年国际主题娱乐协会（TEA）和AECOM经济咨询团队共同发布的《主题公园和博物馆报告》，进入全球TOP25的中国主题公园数量从2014年的2家增至2023年的6家（受疫情影响，2020年至2022年排名沿用2019年排名），中国主题公园总游客量占全球TOP25总游客量的比例也从2014年的5.06%提升至2023年的20.68%。单体公园在全球市场表现亮眼。上海迪士尼乐园自2016年开园后，迅速成为全球最受欢迎的主题公园之一，游客量从2016年的560万人次增长到2023年的1400万人次，全球排名从2016年的第21位提升到2023年的第5位；珠海长隆海洋王国在这十年间，游客量从2014年的550.4万人次增长到2023年的1252万人次，全球排名从2014年的第20位提升到2023年的第6位（表3-1，图3-1）。

表3-1　全球TOP25主题公园中的中国主题公园

年份	中国主题公园（全球排名）	游客量占比（%）
2014	杭州宋城（18）、珠海长隆海洋王国（20）	5.06
2015	珠海长隆海洋王国（13）、杭州宋城（17）、宋城丽江千古情（25）	8.26
2016	珠海长隆海洋王国（13）、上海迪士尼乐园（21）	6.04
2017	上海迪士尼乐园（8）、珠海长隆海洋王国（11）	8.52
2018	上海迪士尼乐园（8）、珠海长隆海洋王国（10）、广州长隆欢乐世界（25）	10.84
2019	珠海长隆海洋王国（8）、上海迪士尼乐园（10）、北京欢乐谷（24）、长隆欢乐世界（25）	13.01
2020	珠海长隆海洋王国（8）、上海迪士尼乐园（10）、北京欢乐谷（24）、长隆欢乐世界（25）	20.33
2021	珠海长隆海洋王国（8）、上海迪士尼乐园（10）、北京欢乐谷（24）、长隆欢乐世界（25）	17.51
2022	珠海长隆海洋王国（8）、上海迪士尼乐园（10）、北京欢乐谷（24）、长隆欢乐世界（25）	7.92
2023	上海迪士尼乐园（5）、珠海长隆海洋王国（6）、北京环球影城（15）、长隆欢乐世界（21）、自贡方特恐龙王国（24）、绵阳方特东方神画（25）	20.68

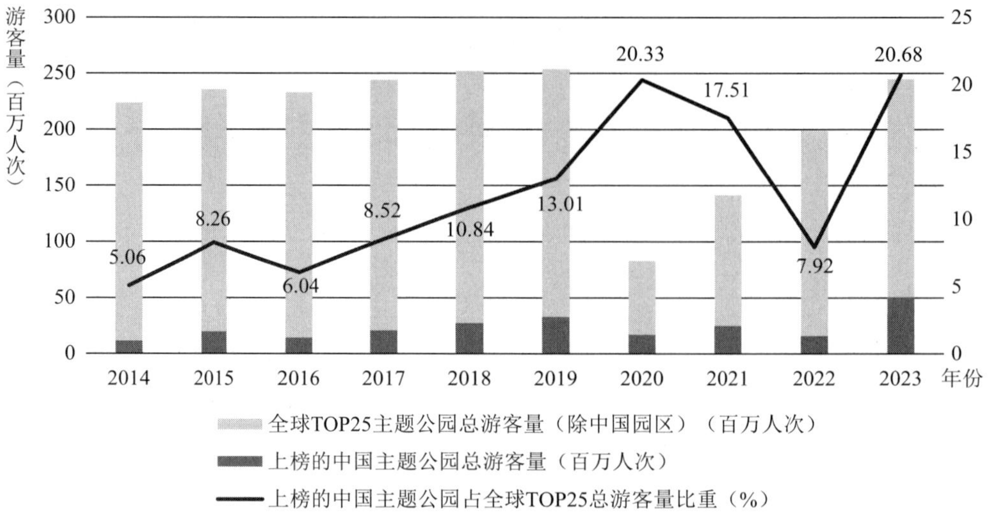

图 3-1　全球 TOP25 主题公园游客量及中国园区游客量占比

2. 亚太市场表现

中国主题公园整体发展稳中向好，在亚太地区市场影响力较大，游客量占比逐年提高。2014 年至 2022 年（其中 2020 年至 2022 年沿用了 2019 年排名），进入亚太地区 TOP20 娱乐 / 主题公园排名的中国主题公园数量稳定在 11 家；2023 年，增加至 14 家。亚太地区排名中的中国主题公园总游客量占亚太地区 TOP20 总游客量的比例，从 2014 年的 32.30% 提升至 2023 年的 58.31%（表 3-2，图 3-2）。

表 3-2　亚太地区 TOP20 主题公园中的中国主题公园

年份	中国主题公园（亚太地区排名）	游客量占比（%）
2014	杭州宋城（8）、珠海长隆海洋王国（10）、东部华侨城（12）、中华恐龙园（13）、深圳世界之窗（14）、长隆欢乐世界（15）、北京欢乐谷（16）、深圳欢乐谷（17）、成都欢乐谷（18）、上海欢乐谷（19）、芜湖方特欢乐世界（20）	32.30
2015	珠海长隆海洋王国（4）、杭州宋城（8）、宋城丽江千古情（11）、中华恐龙园（13）、东部华侨城（14）、北京欢乐谷（15）、长隆欢乐世界（16）、深圳世界之窗（17）、宋城三亚千古情（18）、深圳欢乐谷（19）、宋城九寨千古情（20）	36.34
2016	珠海长隆海洋王国（4）、上海迪士尼（10）、东部华侨城（12）、深圳世界之窗（13）、深圳欢乐谷（14）、长隆欢乐世界（15）、北京欢乐谷（16）、郑州方特欢乐世界（17）、宁波方特东方神画（18）、成都欢乐谷（19）、上海欢乐谷（20）	35.64
2017	上海迪士尼乐园（4）、长隆海洋王国（5）、长隆欢乐世界（12）、深圳世界之窗（13）、东部华侨城（14）、北京欢乐谷（15）、深圳欢乐谷（16）、宁波方特东方神画（17）、郑州方特欢乐世界（18）、成都欢乐谷（19）、上海欢乐谷（20）	40.24

续表

年份	中国主题公园（亚太地区排名）	游客量占比（%）
2018	上海迪士尼乐园（4）、珠海长隆海洋王国（5）、长隆欢乐世界（11）、中华恐龙园（13）、深圳世界之窗（14）、北京欢乐谷（15）、深圳欢乐谷（16）、郑州方特欢乐世界（17）、宁波方特东方神画（18）、东部华侨城（19）、成都欢乐谷（20）	41.42
2019	珠海长隆海洋王国（4）、上海迪士尼乐园（5）、北京欢乐谷（11）、长隆欢乐世界（12）、中华恐龙园（14）、深圳世界之窗（15）、深圳欢乐谷（16）、郑州方特欢乐世界（17）、成都欢乐谷（18）、宁波方特东方神画（19）、上海欢乐谷（20）	42.33
2020	珠海长隆海洋王国（4）、上海迪士尼乐园（5）、北京欢乐谷（11）、长隆欢乐世界（12）、中华恐龙园（14）、深圳世界之窗（15）、深圳欢乐谷（16）、郑州方特欢乐世界（17）、成都欢乐谷（18）、宁波方特东方神画（19）、上海欢乐谷（20）	59.38
2021	珠海长隆海洋王国（4）、上海迪士尼乐园（5）、北京欢乐谷（11）、长隆欢乐世界（12）、中华恐龙园（14）、深圳世界之窗（15）、深圳欢乐谷（16）、郑州方特欢乐世界（17）、成都欢乐谷（18）、宁波方特东方神画（19）、上海欢乐谷（20）	57.46
2022	珠海长隆海洋王国（4）、上海迪士尼乐园（5）、北京欢乐谷（11）、长隆欢乐世界（12）、中华恐龙园（14）、深圳世界之窗（15）、深圳欢乐谷（16）、郑州方特欢乐世界（17）、成都欢乐谷（18）、宁波方特东方神画（19）、上海欢乐谷（20）	32.12
2023	上海迪士尼乐园（3）、珠海长隆海洋王国（4）、北京环球影城（6）、长隆欢乐世界（9）、自贡方特恐龙王国（11）、绵阳方特东方神画（12）、荆州方特东方神画（13）、郑州方特欢乐世界（14）、北京欢乐谷（15）、中华恐龙园（16）、上海海昌海洋公园（17）、台州方特狂野大陆（18）、太原方特东方神画（19）、沈阳方特欢乐世界（20）	58.31

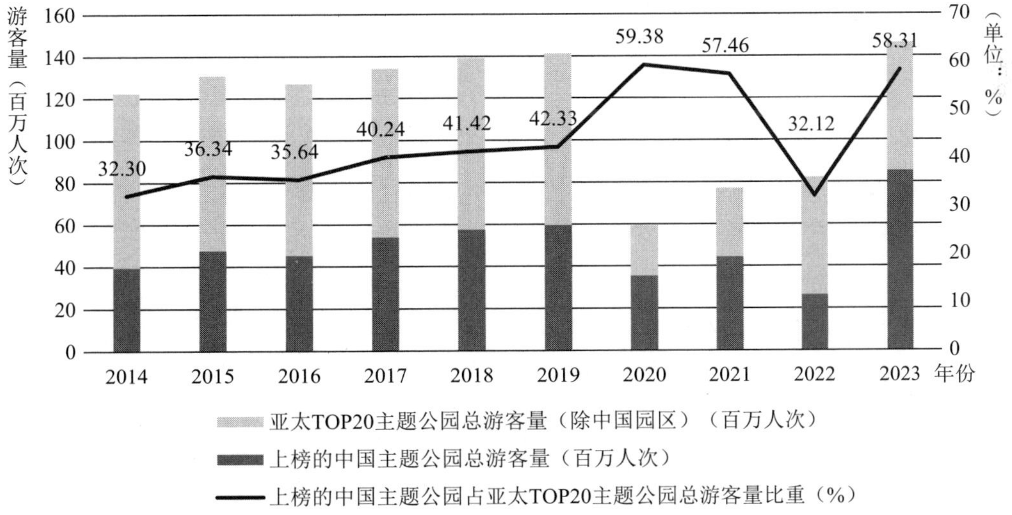

图 3-2 亚太地区 TOP20 主题公园游客量及中国园区游客量占比

上海迪士尼乐园与北京环球影城表现较好。上海迪士尼乐园自 2016 年开园起，一跃进入亚太地区主题公园前 10 名，2017 年至 2023 年其排名始终稳定在前 5 名；北京环球影城受到疫情影响，未能在开园当年进入榜单，但其在随后的 2022 年游客量达到 430 万人次，并于 2023 年攀升至 900 万人次，位列榜单第 6 位。这体现了两个主题公园在亚太市场的强大竞争力和品牌影响力，其市场份额和游客接待量的显著增长，对亚太主题公园市场格局产生了重要影响。

长隆集团在亚太市场的表现尤为突出，展现出本土品牌的影响力。珠海长隆海洋王国自 2015 年开业以来，稳居亚太 TOP20 榜单前五；广州长隆欢乐世界近十年的排名稳定在第 11~16 名，并于 2023 年跻身前十。2025 年，清远长隆森林王国的开业有助于集团的产品体验多元化、业务增长与市场拓展，对长隆集团保持在主题公园和旅游行业中的领先地位具有重要战略意义。

华强方特在亚太市场的表现稳中向好，品牌影响力持续扩大，市场份额稳步攀升，呈现显著的竞争力提升与品牌扩张态势。芜湖方特欢乐世界于 2014 年跻身亚太 TOP20 排名，2016 年至 2022 年郑州方特欢乐世界与宁波方特东方神画 2 家主题公园均稳定排名在第 17~19 名间。2023 年其旗下上榜主题公园增加至 7 家，且排名有了显著提升，成为继长隆之后最具增长潜力的本土品牌。

华侨城集团旗下主题公园展现出了区域深耕与多城市布局的稳定性，整体排名处于中游水平，尚未出现具有强竞争力与引领力的园区。2014 年至 2022 年，北京欢乐谷的排名稳定在第 11~16 位，深圳欢乐谷及深圳世界之窗持续上榜，华侨城在 2014 年至 2018 年上榜，成都欢乐谷、上海欢乐谷在部分年份进入第 18~20 名区间，显示出其在核心城市的基本盘稳固。2023 年仅北京欢乐谷上榜。华侨城集团的欢乐谷系列属于典型的游乐园类型，以惊险刺激的项目和多样化的节事活动为核心吸引力，产品比较成熟。

宋城集团旗下的杭州宋城、丽江千古情、三亚千古情、九寨千古情等主题乐园曾于 2014 年至 2015 年短暂上榜，2016 年后均未上榜。随着旅游演艺产品的大量出现以及主题公园内演艺产品的丰富多元，以传统旅游演艺为核心吸引物的千古情系列主题公园受到巨大挑战。

3. 水公园在亚太市场的表现

2014 年至 2023 年，中国水公园在亚太市场的地位显著提升。进入亚太地区 TOP20 榜单的水公园数量从 2014 年的 4 家稳步增长至 2019 年的 9 家，总游客量占比从 23.25% 跃升至 50% 以上，并在 2021 年达到峰值 66.84%。2022 年受疫情影响占比回落至 46.89%，2023 年恢复至 50.13%（表 3-3，图 3-3）。

表 3-3　亚太地区 TOP20 水公园中的中国水公园

年份	中国水公园（亚太地区排名）	游客量占比（%）
2014	长隆水上乐园（1）、沈阳皇家海洋乐园（6）、武汉玛雅水上乐园（19）、上海玛雅水上乐园（20）	23.25
2015	长隆水上乐园（1）、沈阳皇家海洋乐园（5）、武汉玛雅水上乐园（14）、芜湖方特水上乐园（15）、郑州方特水上乐园（17）、常德欢乐水世界（18）	32.35
2016	长隆水上乐园（1）、沈阳皇家海洋乐园（6）、芜湖方特水上乐园（8）、上海玛雅水上乐园（11）、郑州方特水上乐园（15）、武汉玛雅水上乐园（14）	33.95
2017	长隆水上乐园（1）、开封银基水世界（4）、芜湖方特水上乐园（6）、沈阳皇家海洋乐园（7）、郑州方特水上乐园（11）、上海玛雅水上乐园（12）、武汉玛雅水上乐园（18）	41.39
2018	长隆水上乐园（1）、芜湖方特水上乐园（2）、开封银基水世界（3）、沈阳皇家海洋乐园（6）、武汉玛雅水上乐园（9）、上海玛雅水上乐园（11）、郑州方特水上乐园（12）、天津玛雅水上乐园（17）	47.90
2019	长隆水上乐园（1）、芜湖方特水上乐园（2）、武汉玛雅水上乐园（4）、亚特兰蒂斯水世界（5）、开封银基水世界（9）、上海玛雅水上乐园（11）、郑州方特水上乐园（13）、厦门方特水上乐园（15）、天津玛雅水上乐园（17）	51.91
2020	长隆水上乐园（1）、芜湖方特水上乐园（2）、武汉玛雅水上乐园（4）、亚特兰蒂斯水世界（5）、波塞冬沙滩水世界（9）、上海玛雅水上乐园（11）、郑州方特水上乐园（13）、厦门方特水上乐园（15）、天津玛雅水上乐园（17）	64.52
2021	长隆水上乐园（1）、芜湖方特水上乐园（2）、武汉玛雅水上乐园（4）、亚特兰蒂斯水世界（5）、波塞冬沙滩水世界（9）、上海玛雅水上乐园（11）、郑州方特水上乐园（13）、厦门方特水上乐园（15）、天津玛雅水上乐园（17）	66.84
2022	长隆水上乐园（1）、芜湖方特水上乐园（2）、武汉玛雅水上乐园（4）、亚特兰蒂斯水世界（5）、波塞冬沙滩水世界（9）、上海玛雅水上乐园（11）、郑州方特水上乐园（13）、厦门方特水上乐园（15）、天津玛雅水上乐园（17）	46.89
2023	长隆水上乐园（1）、亚特兰蒂斯水世界（2）、芜湖方特水上乐园（8）、厦门方特水上乐园（9）、波塞冬沙滩水世界（10）、郑州方特水上乐园（12）、上海玛雅水上乐园（13）、天津玛雅水上乐园（18）、武汉玛雅水上乐园（19）	50.13

长隆、华强方特、华侨城三大集团引领中国水公园的发展。长隆水上乐园连续十年稳居亚太第一，除 2020 年至 2022 年出现较大波动外，其游客量占比从 2014 年的 11.67% 稳步增加至 2023 年的 14.59%，成为亚太地区水公园的标杆。

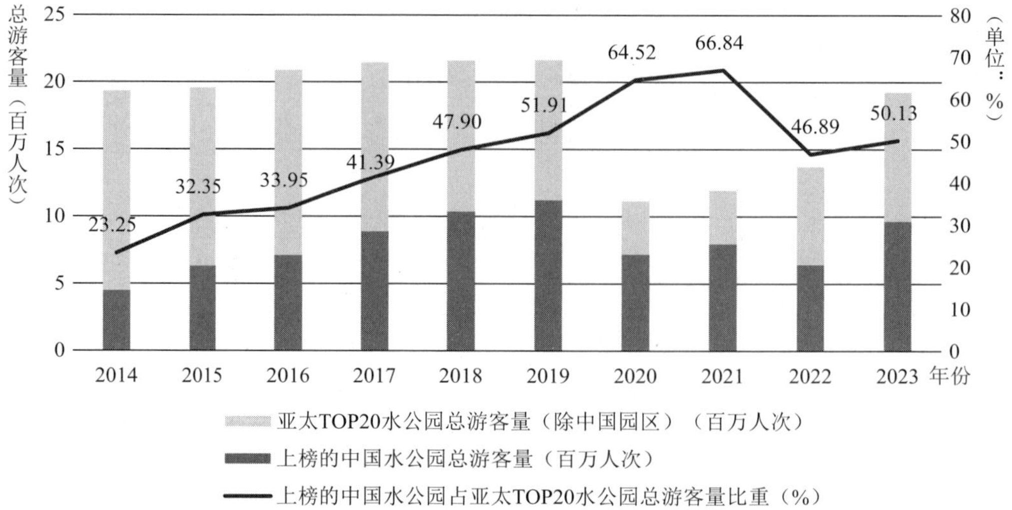

图 3–3　亚太地区 TOP20 水公园游客量及中国园区游客量占比

华强方特和华侨城通过多城市布局形成规模效应，推动中国水公园从区域分散走向全国性品牌集群化竞争。芜湖方特水上乐园排名从 2015 年的第 15 位跃升至 2018 年的第 2 位，2023 年回落至第 8 位；郑州方特水上乐园的排名从 2015 年的第 17 位提升至第 11~13 位；厦门方特水上乐园的排名从 2019 年的第 15 位提升至 2023 年的第 9 位，形成多点支撑格局。上榜的方特水上乐园的总游客量占比从 2015 年的 7.17% 提升至 2023 年的 13.57%，方特成为仅次于长隆的第二大本土水公园品牌。

华侨城旗下的玛雅水上乐园主要有三家水乐园多次进入亚太地区水公园 TOP20，上榜的总游客量占比从 2014 年的 5.53% 整体稳步提升至 2019 年的 13.49%，2020 年和 2021 年一度高达 21% 以上，随后回落至 2023 年的 8.99%，玛雅水上乐园成为第三大本土水公园品牌。

值得注意的是，亚特兰蒂斯水世界和波塞冬沙滩水世界作为新兴品牌均有亮眼表现。前者自 2019 年开园以来，游客量占亚太地区水乐园 TOP20 总游客量的 5.53%，后两年快速提升至 10% 以上，在 2022 年下滑至 4.59%，但于 2023 年恢复至 8.32%；后者占比稳定在 2.6%~5%（图 3–4）。

中国水公园已从市场的追赶者发展为亚太市场的主导力量，头部品牌（长隆、方特、华侨城）与新兴高端项目（亚特兰蒂斯、波塞冬）形成多元竞争格局。尽管面临国际品牌（如新加坡环球影城水上乐园）的潜在挑战，凭借规模化布局、区域客群黏性及产品创新，中国水公园在亚太地区市场份额、品牌影响力均占主导地位，未来需进一步强化差异化体验以巩固全球竞争力。

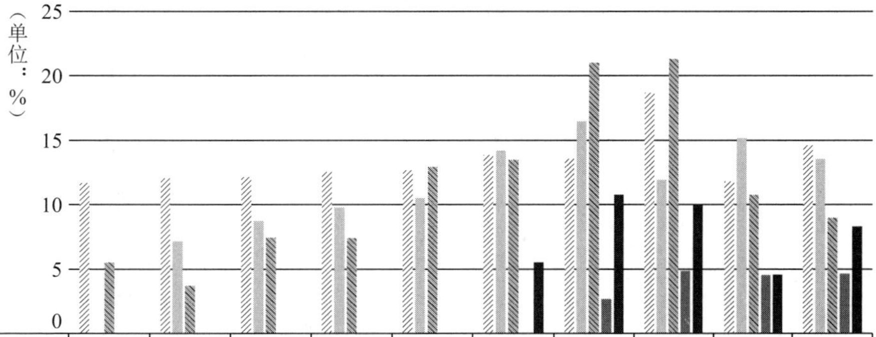

年份	2014	2015	2016	2017	2018	2019	2020	2021	2022	2023
长隆水上乐园	11.67	12.03	12.15	12.53	12.68	13.88	13.57	18.69	11.79	14.59
方特水上乐园	—	7.17	8.74	9.79	10.51	14.21	16.47	11.92	15.19	13.57
玛雅水上乐园	5.53	3.73	7.47	7.41	12.91	13.49	21.01	21.29	10.77	8.99
波塞冬沙滩水世界	—	—	—	—	—	—	2.69	4.88	4.55	4.65
亚特兰蒂斯水世界	—	—	—	—	—	5.53	10.77	10.06	4.59	8.32

图 3-4 中国水公园游客量占亚太 TOP20 水公园比重（%）

（二）国际品牌大型主题公园在中国市场的表现

1. 上海迪士尼乐园的表现

华特迪士尼公司总部位于美国加利福尼亚州，由华特·迪士尼和罗伊·迪士尼于 1923 年创立。迪士尼集团是全球知名的娱乐和媒体巨头，业务涵盖媒体网络、主题公园及度假区、影视娱乐、消费产品等多个领域。目前，全球共有 6 个迪士尼度假区和 14 个主题公园，分别位于美国加州、美国奥兰多、日本东京、法国巴黎、中国香港和上海。加州迪士尼乐园度假区于 1955 年在美国加利福尼亚州开业，拥有 2 座主题公园（加州迪士尼乐园、迪士尼加州冒险乐园）。奥兰多迪士尼乐园度假区于 1971 年在佛罗里达开业，是世界上最大的迪士尼度假区，拥有 4 座主题公园（神奇王国主题乐园、新纪元主题乐园、迪士尼好莱坞影城、迪士尼动物王国）以及 2 座水上公园（迪士尼台风湖水上乐园、暴风雪海滩水上乐园）。东京迪士尼乐园度假区于 1983 年开业，拥有 2 座主题公园（东京迪士尼乐园、东京迪士尼海洋乐园）。巴黎迪士尼乐园度假区于 1992 年开业，是目前欧洲唯一的迪士尼度假区，包括 2 座主题公园（巴黎迪士尼乐园、华特迪士尼影城乐园）。香港迪士尼乐园度假区于 2005 年开业，包括 1 座主题公园（香港迪士尼乐园）。上海迪士尼度假区于 2016 年开业，总占地面积 963 英亩（约 3.9 平方公里），拥有 1 座主题公园（上海迪士尼乐园）。

研究团队对国际主题娱乐协会（TEA）和 AECOM 经济咨询团队共同发布的《主题公园和博物馆报告》中关于迪士尼集团各园区的游客量数据进行了信息梳理和计算，

以衡量上海迪士尼乐园 2016 年至 2023 年在迪士尼集团内部的表现。上海迪士尼乐园自 2016 年开园以来，游客量呈现快速增长态势，首年接待游客人数 560 万人次，2017 年以 1100 万人次实现近乎翻倍增长，至 2023 年已达到 1400 万人次，年均增长率显著。上海迪士尼乐园在全球主题公园市场中的吸引力在不断增强，尤其是在中国市场的影响力日益扩大。

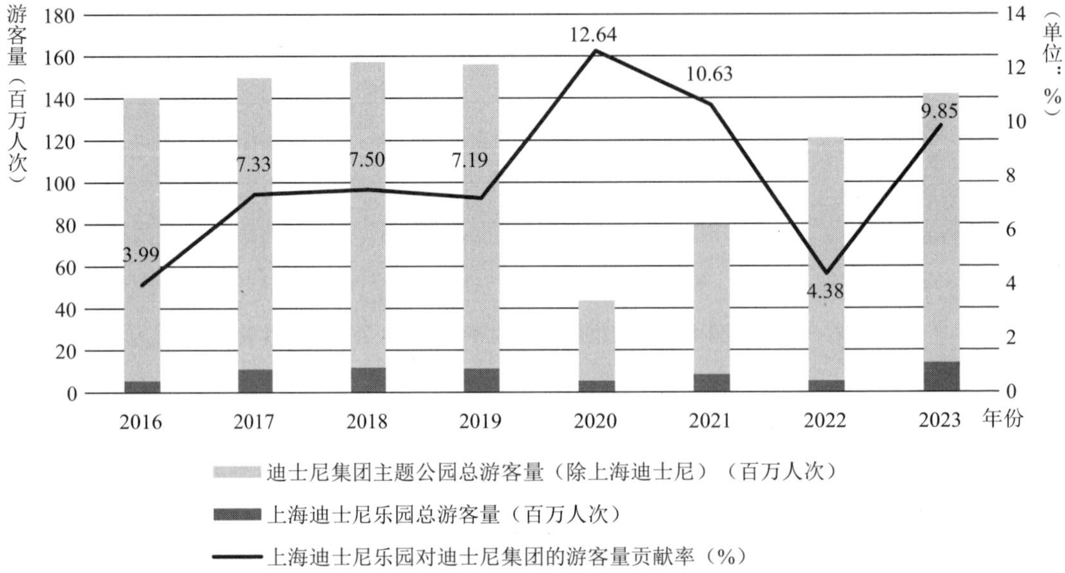

图 3-5　上海迪士尼乐园在集团内部表现

上海迪士尼乐园在集团内的游客贡献率反映了其在全球迪士尼体系中的重要性不断提升，已经成为迪士尼集团重要的增长点之一。上海迪士尼乐园对迪士尼集团全球游客量的贡献率从 2016 年的 3.99% 提升至 2019 年的 7.19%，2020 年和 2021 年贡献率达到了 10% 以上，即便在严格防疫的 2022 年，其 4.38% 的贡献率仍高于开园首年，并且 2023 年贡献率回升至 9.85%，高于疫情前的水准，展现出强大的复苏能力。上海迪士尼乐园在迪士尼集团内的排名有所波动，但总体向好。2016 年排名第 11，2017 年和 2018 年上升至第 7，2019 年略降至第 8，2020 年虽然受疫情影响游客量减少，但同比下降速度较慢，游客量贡献率高于其他园区，排名升至第 2，2021 年排名第 4，2023 年再次排名第 4。

2021 年 9 月 29 日，上海迪士尼乐园打破了以往以内容为驱动的动画联动模式，推出了全新的 IP 形象玲娜贝尔。这是一只粉色的小狐狸探险家，没有传统的故事背景，而是通过社交媒体和线下活动进行推广。玲娜贝尔一经推出便迅速走红，截至 2024 年 6 月，其相关话题在微博的阅读量已达到 35 亿，衍生周边产品如七宝托特包等供不应求，吸引了大量游客专程入园排队抢购，为上海迪士尼带来了显著的经济效益。同时，玲娜贝尔的影响力从上海迪士尼乐园扩展到了其他园区，香港迪士尼乐园等其他迪士尼园区也引入了该IP形象，进一步丰富了迪士尼的角色阵容，为迪士尼集团的IP运营提供了成功案例和经验借鉴。

2023年12月20日，上海迪士尼度假区推出全球首个且唯一的“疯狂动物城”主题园区，成为其创新发展的又一里程碑。数据显示，该园区开放前已获得极高关注度——近97%的受访游客提前知晓其存在，其中约三分之一的游客专程为此到访度假区。这一卓越表现使其荣获国际主题娱乐协会（TEA）2025年“主题乐园园区杰出成就奖”。中国旅游研究院《2024上海迪士尼度假区快乐旅游趋势报告》更显示其游客重游意愿高达85%，进一步印证了其强大的市场吸引力。

作为中国内地首座迪士尼乐园，上海迪士尼度假区自2016年开园以来持续保持扩建势头，相继推出“迪士尼·皮克斯玩具总动员”和“疯狂动物城”两大主题园区后，目前第九大园区——蜘蛛侠主题园区及第三家主题酒店已启动建设。这种持续的创新投入不仅巩固了其在亚太地区主题娱乐市场的领先地位，更将进一步提升其在迪士尼全球战略布局中的关键作用，为集团长远发展注入持续动力。

2. 北京环球影城的表现

环球影城娱乐集团是全球知名的主题公园企业，其历史最早可追溯到1915年在美国好莱坞建立的环球城。环球影城以电影为核心，将电影场景和角色转化为沉浸式的主题游乐设施，为游客提供独特的娱乐体验。目前，全球共有5个环球影城度假区和8个主题公园，分别位于美国加州、美国奥兰多、日本大阪、新加坡圣淘沙岛、中国北京。好莱坞环球影城度假区于1964年在美国加州开业，包括一座主题公园（好莱坞环球影城主题公园）。奥兰多环球影城度假区于1990年在美国奥兰多开业，包含三座主题公园（环球影城、冒险岛乐园、火山湾水上乐园）。日本环球影城度假区于2001年在日本大阪开业，包括一座主题公园（日本环球影城）。新加坡环球影城度假区于2010年在新加坡圣淘沙岛开业，包含一座主题公园（新加坡环球影城）。北京环球影城度假区于2021年在中国北京开业，总面积超4平方公里，一期占地159.57公顷，二期计划占地165.82公顷，目前包括一座主题公园（北京环球影城）。

研究团队对国际主题娱乐协会（TEA）和AECOM经济咨询团队共同发布的《主题公园和博物馆报告》中环球影城娱乐集团各园区的游客量数据进行了信息梳理和计算，以衡量北京环球影城2021年至2023年在环球影城娱乐集团内部的表现。北京环球影城自2021年开园以来，游客接待量呈现出强劲的增长势头。根据《2021年北京市文化和旅游业统计报告》，开业元年，北京环球影城在疫情制约下仍实现210万人次游客量，2022年游客量增长至430万人次，2023年游客量更是跃升至988万人次，年均增长率极为亮眼。2023 年环球影城吸引环球商圈的人流达到了 1600 万人次，推动了北京城市副中心旅游消费地标加快形成。

北京环球影城在环球影城娱乐集团内部的游客量贡献率呈现快速增长态势。2021 年北京环球影城游客量贡献率为 6.17%，2022 年增加至 8.37%，2023 年增长至 14.80%。快速增长的游客量贡献率体现出北京环球影城的市场吸引力和品牌认知度的不断提升，其在集团内部的市场地位和影响力逐年增强（图 3-6）。

北京环球影城在 IP 打造上注重本土化改造，以吸引更多游客并持续提升自身的市场竞争力和文化影响力。功夫熊猫盖世之地是环球影城娱乐集团首个以功夫熊猫为主题的景区。园区还推出了小黄人十二生肖系列产品等具有中国特色的文创商品，在二期、三期的建设中亦计划融入更多的中国元素，如二期计划建设包含中国元素的主题公园，引入孙悟空等中国文化 IP。

未来，随着品牌影响力的扩大、服务质量的提升以及市场拓展的深入，北京环球影城有望在游客量和收入贡献上实现双突破，进一步巩固和提升其在环球影城娱乐集团内部的重要地位，为集团的全球战略布局贡献更大力量。

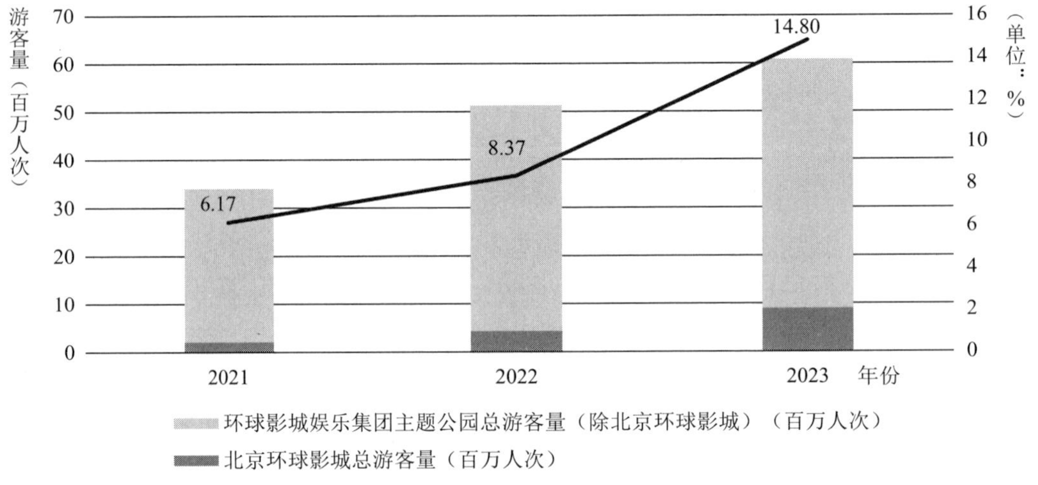

图 3-6　北京环球影城在集团内部表现

二、中国大型主题公园统计简况

截至 2024 年 12 月 31 日，全国 410 个主题公园中特大型主题公园数量 89 家，占比 21.7%；大型主题公园 144 家，占比 35.1%。大型和特大型主题公园共有 233 家，在全国主题公园中占比为 56.8%。本小节将对 233 个大型及以上主题公园进行分析。

（一）开业时间

开业于第三阶段（2010 年至 2019 年）和第四阶段（2020 年至今）的大型和特大型主题公园数量最多，分别为 117 家和 56 家。开业数量最多的年份为 2019 年，有 20 家；2022 年与 2023 年大型及以上主题公园开业速度放缓，每年开业数量均小于 10 家。受 2018 年出台的《关于规范主题公园建设发展的指导意见》、疫情管控与消费市场变化的影响，中国大型及以上主题公园发展逐渐趋于理性（图 3-7）。

图 3-7　中国大型和特大型主题公园开业年份统计

（二）区域分布

我国大型和特大型主题公园分布数量最多的省份是广东省，有 25 家；山东省、江苏省、浙江省紧随其后，分别有 19 家、18 家、17 家；西藏自治区没有分布。就直辖市 / 地级市而言，数量最多的是北京市、广州市、西安市、重庆市，均分布有 7 家大型和特大型主题公园。这些地区经济发达，居民收入高，消费能力强，休闲娱乐的需求旺盛，为大型主题公园提供了广阔的市场空间。

（三）主题分类

大型和特大型主题公园中生态复合类最多，为 62 家；游乐园类次之，为 57 家；单体海洋馆最少，仅两家，且均为大型主题公园。具体来看，特大型主题公园中生态复合类最多，其次为综合团组类，最少为冰雪戏水类；大型主题公园中游乐园类最多，生态复合类与历史文化类次之。冰雪戏水类、单体海洋馆、历史文化类、游乐园类的中大型主题公园较多，综合团组类则主要为特大型主题公园（图 3-8）。

特大型主题公园通常具有较大的占地面积和投资规模，能够形成规模效应，更注重内容和设施的丰富性与综合性，通过整合多种元素和项目，为游客提供全方位的娱乐体验，提高主题公园的吸引力和竞争力。大型主题公园相较于特大型主题公园，在投资规模和运营难度上相对较低，能够更灵活地根据市场需求进行调整和创新。这使得大型主题公园在不同类型中都有一定的分布，以适应不同地区和市场的特点。

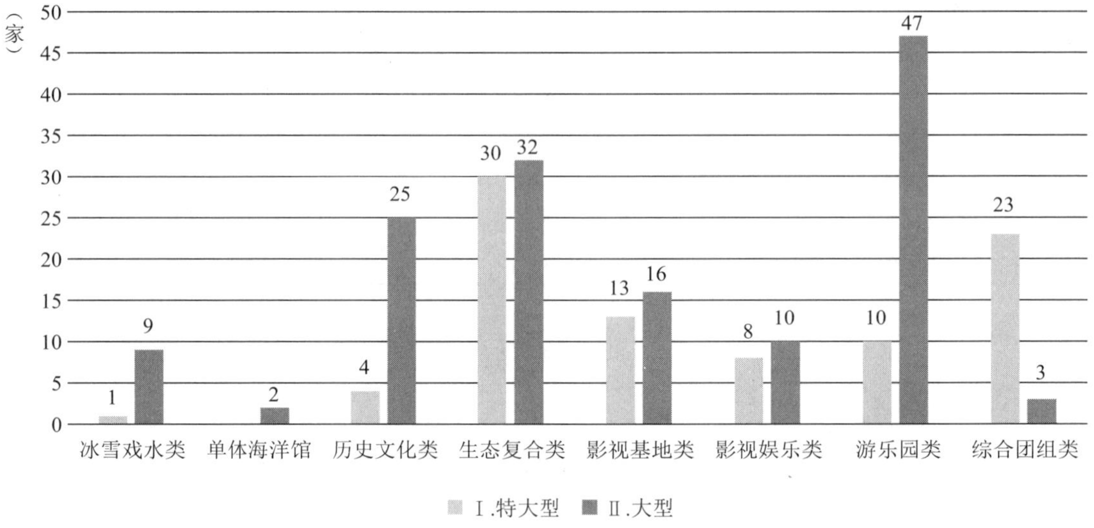

图 3-8　中国大型和特大型主题公园主题分类统计

（四）属性近似度

在我国的大型和特大型主题公园中，核心类、近似类和边缘类的数量分别为 102 家（43.8%）、106 家（45.5%）和 25 家（10.7%）。在特大型主题公园中，近似类公园占比最高，达 48.3%；而在大型主题公园中，核心类公园占比最高，为 47.2%。特大型主题公园虽然规模较大（通常在占地面积维度上），但很多项目在主题的完整性和商业开发的充分性上仍有待提升，园区需要提升土地利用水平，将更多的投资运用于产品体验的开发与升级（图 3-9）。

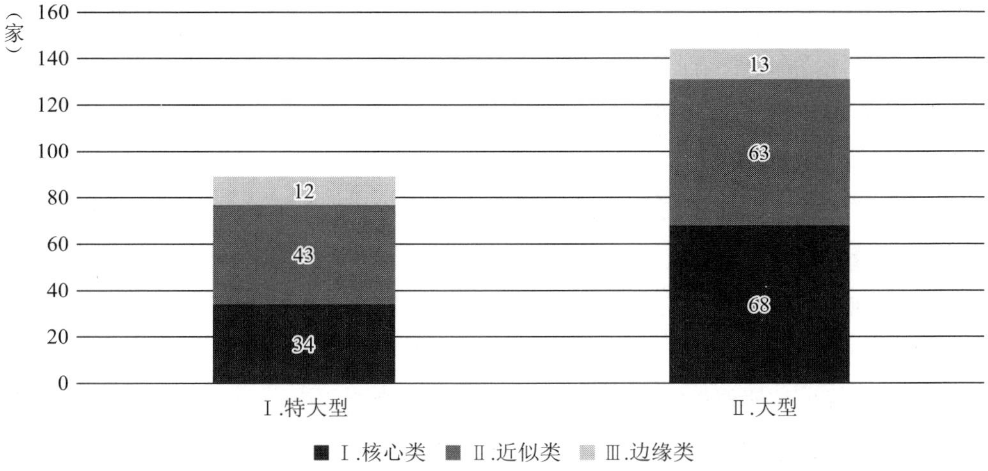

图 3–9　中国大型和特大型主题公园属性近似度统计

三、中国大型主题公园未来发展趋势

（一）国际品牌加速本土化融合

国际品牌正从全球标准化向在地化转型，通过深度融入中国文化元素，破解进入中国市场的水土不服问题，从而实现市场份额的扩大。上海迪士尼乐园将中国传统十二生肖与园区活动结合，推出十二朋友园，将中国传统文化符号嵌入国际 IP 场景；北京环球影城二期计划融入孙悟空等中国文化 IP，探索东方叙事与环球经典 IP 的融合，重构游客体验。这种策略不仅能够减少文化隔阂，还能激发家庭客群及二、三线市场游客消费潜力。未来，国际品牌可能进一步通过内容共创、区域定制、技艺融合等方式，深化与本土文化资源的绑定，以此突破外来文化的单一标签，形成差异化竞争力。

（二）本土品牌的集团化发展

品牌化和集团化是未来中国大型主题公园发展的重要趋势。通过多品牌矩阵与全产业链布局增强企业抗风险能力，实现资金、技术、IP 资源的集约化配置，进而提升运营效率，降低边际成本，形成规模经济效应。集团化运营能够通过资源整合与协同效应，显著提升主题公园企业的综合竞争力。此外，集团化企业更易建立标准化管理体系，通过模式复制快速占领区域市场，同时依托品牌集群优势吸引资本与政策支持，为技术研发、IP 孵化提供持续动力，最终形成“规模扩张—资源集聚—创新升级”的良性循环。

头部集团通过品牌输出和模式复制构建规模优势，在市场上具有较高的知名度和美誉度。华侨城集团建立了欢乐谷、玛雅海滩水公园等多个主题公园品牌，其旗下子企业欢乐谷文化旅游发展有限公司运营管理着遍布全国 13 个城市的 20 余座主题公园；华强方特凭借方特欢乐世界、方特东方神画、方特水上乐园等十多个主题公园品牌，先后在全国 20 余座城市建成运营 30 余座主题乐园；长隆集团则以广东为大本营，在广州、珠海、清远布局三大顶尖综合旅游度假区并建立主题公园群。

中型企业和新兴品牌集团化发展趋势明显，通过聚焦核心品牌价值、轻资产扩张、垂直领域深耕、区域市场下沉等方式实现规模化协同效应，激活细分领域的市场竞争力。海昌海洋公园通过轻资产转型，利用海洋 IP 授权与管理输出，打造 11 座主题公园，并开发奥特曼主题馆等跨界 IP 项目；宋城演艺以宋城、千古情品牌为核心，将地域文化转化为沉浸式体验，建设运营 16 座主题公园；华谊兄弟以影视 IP 为核心，结合当地文化，构建“电影拍摄 + 文旅体验”双轮驱动模式，建设运营 4 座主题公园；印象、又见、只有系列以戏剧艺术为载体，深度挖掘中国文化资源，打造以优质沉浸式旅游演艺产品为核心的品牌 IP，通过“在地文化 IP+ 高端演艺”模式推动品牌连锁化布局。

未来，本土品牌需加速从设备驱动转向内容驱动，注重品牌建设，避免低水平复制，注重差异化供给，通过提升服务质量、创新产品体验、加强市场营销等方式，打造具有国际竞争力的本土品牌。

（三）文化挖掘与主题化升级

当前，中国主题公园行业已进入以内容为王的深度竞争阶段，文化资源的主题化开发成为差异化竞争的重要抓手。近年来，以当地文化为核心的主题公园加速出圈印证了本土文化消费的强劲潜力。只有河南 · 戏剧幻城通过 21 个沉浸式戏剧场景再现中原文明史诗，开业四年累计吸引数千万人次观演，其中省外观众占比近 80%，“85 后”年轻观众占比达 85%。西安长安十二时辰主题街区以唐风市井文化为基底，融合影视 IP 与非遗体验，自开业以来接待游客人数超 400 万人次，日均流量超 7000 人次。此类案例印证了本土文化主题化开发的商业潜力，推动行业从设备堆砌向文化叙事转型。大型主题公园应更加注重挖掘和融入当地的文化元素，打造具有地域特色的主题公园。深入挖掘当地文化内涵，结合民俗风情、历史传说、自然景观等特色资源，将地域文化符号转化为可体验的叙事场景，以现代科技重构传统文化表达，通过节庆活动强化文化认同，以此提升产品主题化程度，让游客在游乐的同时感受当地文化的魅力，降低主题公园项目同质化风险，提升主题公园竞争力。

（四）数字技术推动产品迭代

数字技术正成为主题公园产品迭代的核心驱动力。当前，中国主题公园行业已从单一设备体验向沉浸式、互动化方向转型，数字技术的应用成为提高主题公园竞争力的核心之一。襄阳华侨城奇幻度假区奇幻谷将时空主题实景与虚拟娱乐结合，以数字技术打造了 11 座全龄沉浸式科技场馆及体验项目；上海海昌海洋公园通过 5G+AR/VR 技术，结合奥特曼 IP 和自研机甲巡游产品，导入沉浸式游园服务，增强与游客互动。这些主题公园充分挖掘数字技术的巨大潜力，为游客带来了全新的娱乐体验，提高了自身的核心竞争力。

当前游客已不满足于机械设备的物理刺激，转而追求情感共鸣与精神沉浸，而数字技术能够通过虚实融合重构体验场景，突破传统体验瓶颈，满足消费升级需求。面对主题公园现存的内容雷同问题，数字技术能够通过形成难以复制的体验壁垒，破解同质化竞争困局，构建技术护城河。数字技术还能推动“线下体验 + 线上衍生”的商业模式创新，重构产业链价值，拓展主题公园盈利边界。未来大型主题公园需要更加重视产品创新，提高数字技术研发投入，通过打造虚实共生的沉浸空间、动态生成个性化叙事路径、推动机械装置与数字内容形成有机联动等方式推动产品迭代，强化游客的深度参与感，满足游客对沉浸式、互动化体验的需求，并通过持续内容焕新构建差异化竞争力。

（五）市场扩张与差异化供给

中国大型主题公园市场仍存在结构性增长机遇，一、二线城市消费升级催生高品质体验需求，三、四线城市文旅消费潜力持续释放。但传统单纯规模扩张模式面临现实约束：部分一线城市已形成主题公园集群化态势，市场趋于饱和；大规模文旅项目审批门槛有所提升；近年来部分重资产项目因投资规模过大、回报周期长、同质化定位等问题陷入经营困境，甚至面临倒闭，这些均反映出单纯规模扩张模式的风险性。大型项目布局需要注重差异化的选址，下沉市场或成为结构性增长突破口。本土主题公园企业可以通过承接核心城市客群外溢、深度融合地域文化、绑定区域旅游生态等方式激活下沉市场，实现差异化供给。大型项目布局还需要注重主题类型差异化，通过挖掘细分市场潜力，规避过度竞争，促进供给端结构性优化。

第四章

中国儿童主题公园发展分析报告

陈倩绮　梁增贤

随着中国家庭经济水平的提升和教育观念的转变，儿童娱乐消费市场正经历着前所未有的快速发展。新一代父母更加注重孩子的全面发展，不再局限于传统的物质需求，而是积极寻求能够促进孩子智力、情感和社交能力发展的多元化体验，他们渴望在娱乐中融入学习元素，让孩子在轻松的氛围中获得知识与技能的提升。作为亲子活动的重要场景，儿童主题公园凭借其多样化的功能和丰富的体验，不仅为孩子们提供了释放活力的空间，也为家长与孩子之间创造了宝贵的互动机会，逐渐成为家庭休闲的首选之一。本章聚焦于中国儿童主题公园，旨在全面、深入剖析中国儿童主题公园行业的发展现状与未来发展趋势。

一、核心概念界定与分类

按照《城市儿童友好空间建设导则（试行）》和《关于规范主题公园建设发展的指导意见》的标准，儿童主题公园是指以营利为目的兴建的，占地、投资达到一定规模的，专门为 18 岁以下的未成年人有偿提供休闲体验、文化娱乐产品或服务的园区。儿童主题公园通常包含游乐设施、游戏区域、教育展示等娱乐元素，能够为儿童提供安全、有趣和教育性的环境，并满足不同年龄段儿童的需求和兴趣。根据儿童主题在园区内的布局范围进行划分，儿童主题园区可分为全园区儿童主题化布局与分区式儿童主题化布局两类。前者以儿童友好为核心理念，整个园区从空间规划到体验设计均围绕儿童视角展开，紧密贴合儿童需求与喜好；后者则是在一个较大的园区内专门划分出一个或多个特定区域作为儿童主题区，这些区域集中设置儿童游乐项目和相关设施，而在园区的其他区域可能包含适合其他年龄段游客的游乐项目和设施，实现不同主题和功能区的有机结合。根据儿童主题公园所在的空间位置，儿童乐园可以分为室内儿童主题公园与户外儿童主题公园。室内儿童主题公园主要依托封闭式建筑空间（如商场、场馆、独立建筑等），借助人工环境营造主题场景；户外儿童主题公园主要利用开放的自然或半自然场地（如广场、公园等），结合自然环境构建主题空间。

二、儿童主题公园行业发展现状

（一）市场规模庞大

智研咨询行业研究团队发布的《2025—2031 年中国儿童乐园行业市场调查研究及投资策略研究报告》和中研产业研究院发布的《2024—2029 年中国儿童乐园行业深度调研及投资机会分析报告》数据显示，中国儿童乐园行业不断发展，2019 年中国儿童乐园数量约为 10000 家，受疫情影响儿童乐园开园数量增速明显放缓，截至 2022 年年底，中国儿童乐园数量约为 10603 家。目前中国儿童乐园市场规模已超过百亿元，并预计在未来几年将继续保持高速增长。总体而言，中国儿童乐园市场规模庞大，随着经济复苏和居民消费需求的释放，行业前景广阔。

（二）室内儿童主题公园：便捷与综合服务的结合

室内儿童主题公园通常具有占地面积小、投资规模小的特点，且以小型和微型为主。在布局上，通常采取全园区儿童主题化的布局方式，多依附于大型商场、超市等各类商业综合体或人流密集的商圈。这类儿童主题公园主要针对注重便捷和综合服务的城市亲子家庭，尤其是拥有 1~14 岁儿童的家庭。室内儿童主题公园依托商业综合体的成熟配套，使家长在陪伴孩子游玩的同时能够享受购物、就餐等一站式服务，商业综合体的成熟配套也为主题乐园提供了不受天气影响的稳定运营环境，为亲子家庭提供了全年无休的娱乐选择。例如，万达宝贝王乐园是以“儿童成长，就在宝贝王”为核心品牌理念、为 1~8 岁儿童及亲子家庭提供一站式娱乐和教育服务的全国连锁的大众消费型室内主题乐园，其主要分布在中国各大城市的万达广场内，充分整合了商业综合体内的多重资源。

对家长而言，室内主题公园不仅提供了安全、舒适的儿童娱乐空间，满足了孩子们的娱乐和教育需求；还为家长提供了便利的综合服务，解决了在陪伴孩子的同时难以兼顾其他事务的问题，从而实现家庭成员之间的高效互动与休闲。对室内儿童主题公园而言，依托成熟的商圈环境，其能够利用商业综合体稳定的客流量，降低获客成本并形成稳定的客群；这不仅有助于提升品牌认知度，还为乐园的日常运营提供了持续的市场支持。对商业综合体而言，这种模式能够提升商场或超市的整体吸引力，延长亲子家庭的停留时间，进而促进其他业态的消费。这样的协同效应使得室内儿童主题公园、家长和商业综合体之间形成相互促进、共同受益的良性循环。然而，由于缺乏户外活动和自然景观的融入，室内儿童主题公园在提供多样化体验方面存在局限，具有同质化严重的现实问题。

（三）户外儿童主题公园分区式布局：兼顾多龄段需求

户外儿童主题公园相对室内儿童主题公园具有较大的占地面积和投资规模，以中小型和微型为主；在布局上，户外儿童主题公园较为常见的模式是将儿童游乐项目设置于主题公园的特定区域，形成分区式儿童主题化布局，从而构建多层次的客群结构。其主要通过卡通人物、互动设施、亲子活动等元素的设置吸引亲子家庭游客，同时借助周边游乐设施引导家庭成员参与更多项目，延长游客停留时间、提升消费水平。例如，在宜春熊出没乐园中，儿童可以与家人在熊出没剧场记录合家欢乐时光，在寻找鱼尾狮的过程中尽情探险，在飞翔影院中进入熊出没的世界，在现实中打卡光头强之家，最后在熊熊乐园中边游乐边获得知识；而其余家庭成员除了陪伴孩子感受温馨的合家欢时光外，还可以在“探险之旅”“部落飞车”“乘风破浪”等项目中享受紧张刺激的旅程。在泡泡玛特城市乐园的四大核心区域之一的LABUBU奇遇森林中，孩子们可以尽情享受占地1100平方米的无动力装置区，在沙地蹦蹦云、麻绳秋千、小拓展、坡地攀爬等项目中尽享欢乐时光；而喜欢泡泡玛特IP的年轻人和亲子家庭的其他成员也可以在泡泡玛特城市乐园各处尽情与热门IP形象打卡互动，在泡泡街中玩各式特色IP店铺互动装置，在MOLLY的城堡中近距离体验潮玩制作流程。无论是孩子、家长，或是其他游客，均能在这些主题公园中找到独属于自己的欢乐时光。

多数主题公园倾向于采用分区式布局，将儿童游乐项目集中于特定区域，为家庭游客提供更便捷的游玩体验；同时兼顾其他年龄段游客的需求，设置适合成人及老年群体的游乐设施和休闲场所，进而打造全年龄段友好型园区。这种模式在空间利用和游客分流方面具有更高的灵活性，可以满足各年龄段游客的休闲娱乐偏好。这不仅促进了不同群体之间的互动，还增强了主题公园的整体吸引力，从而推动主题公园的消费增长。但在这种模式下，部分儿童主题公园的游乐设施和服务缺乏创新和特色，难以满足儿童多样化和特殊的需求，在一定程度上限制了儿童主题公园的品牌建设和市场扩张潜力。

（四）户外儿童主题公园全园区主题化：针对性强，拓展受限

采用全园区儿童主题化布局的户外儿童主题公园相对数量较少，其主要通过针对性更强的设施配置、项目设计和空间布局来满足不同亲子家庭的需要。针对儿童全面成长有较高要求的自然体验型家庭，部分户外儿童主题公园被设置在距离城市中心有一定距离的乡村区域。这类园区依托优越的自然环境，打造野外探险区、生态互动区等开放式游乐场景，进而丰富儿童的户外体验，让他们在亲近大自然的同时培养生态意识和探险精神。例如，南京松鼠部落森林假日公园是融生态、娱乐、教育为一体的、全年龄层共同参与游玩的户外亲子乐园，其包括萌宠乐园、远古发现、欢乐草原、丛林探险、疯狂池塘、自然学校六大区域。在萌宠乐园里，小朋友们能够近距离观察萌宠的日常生活，与动物们亲密互动，体验大自然的乐趣；在欢乐草原里，小朋友们通过欢乐蹦床、彩虹滑道、原木飞索等项目，在森林中解放天性，尽情玩耍，与大自然融为一体。与自然的紧密接触有助于提升儿童的探索精神、实践能力以及对自然和生命的尊重与热爱，使孩子们在游玩中成长、在体验中学习。针对注重便捷和综合服务的需求的城市亲子家庭，部分户外儿童主题公园与室内儿童主题公园相似地被设置在城市中心、商业综合体或人流密集的商圈附近。这种户外儿童主题公园能够在满足儿童游乐需求的基础之上兼顾家长的其他需求。与分区式儿童主题化布局相比，由于全园区儿童主题化布局需要在娱乐、教育、安全等多方面全面考虑儿童需求，其项目规划和设施配置相对而言更具针对性，这在一定程度上限制了其服务人群，使得此类型

的主题乐园面临着市场拓展和规模化发展的挑战。

（五）品牌效应不明显，IP 生态双轨突围

当前儿童主题公园企业数量众多，但缺乏龙头企业，盈利能力较强且具有较高品牌认知度的企业相对较少，尤其是室内儿童主题公园，小型企业占比较大。许多儿童主题公园仅依靠单一的门票收入运营，缺乏对衍生产品、餐饮和亲子互动项目等多元化收入的系统布局。当市场环境发生波动或遇到突发事件时，这些小型园区抗风险能力薄弱，经营效率低下，无法有效应对外部竞争压力。同时，在品牌塑造和长远规划上，不少园区停留在临时拼凑的层面，缺乏独特的主题和文化内涵，导致其主题化不足与产品同质化严重的问题尤为突出。部分儿童主题公园在主题设计上缺乏鲜明的主题特色和独特的特色 IP 活动，内容同质化严重；同时这部分儿童主题乐园的游乐设备多为简单堆砌，没有围绕一个鲜明的主题进行设计和打造，故难以在消费者心中形成独特记忆。机械游乐设施的快速复制模式虽能迅速满足基础娱乐需求，却容易导致全国范围内出现“旋转木马 + 滑梯 + 充气城堡”的标准化配置。这种发展路径本质上是将传统市政公园儿童区进行规模化放大，缺乏真正的主题内核构建。许多儿童主题公园在规划和建设时，过于注重游乐设施的数量和种类，而忽视了主题文化的深度挖掘和塑造，不利于儿童主题公园行业长期健康发展。

部分儿童主题公园通过打造独特的主题和生态协同运营，提高了自身的竞争力，形成一定的品牌影响力。万达宝贝王乐园是中国著名的儿童成长乐园品牌之一，其通过特色主题打造，提高自身吸引力：一方面，引入“海底小纵队”“胡桃夹子与老鼠王”“匹诺曹”等知名 IP，打造沉浸式游乐体验；另一方面，将有自主知识产权的“儿童主题成长课程”与主题活动相结合，实现了寓教于乐。截至 2023 年年底，宝贝王乐园累计开业 400 余家门店，覆盖了全国 200 多座城市，获得了超 2180 万人的会员，年接待入园客流量达到了 1.8 亿人次。

（六）亲子互动驱动转型，教育娱乐双轨并行

随着家长消费观念的转变和对教育重视程度的提升，儿童主题公园正经历着从传统娱乐向家庭消费和教育场景转型的深刻变革。过去，许多儿童乐园主要侧重于提供单一的游乐设施，以满足孩子们对刺激与欢乐的基本需求；而如今，家长们越来越注重寓教于乐，希望孩子在游乐过程中不仅能够尽情玩耍，还能学习知识、锻炼动手能力和培养社交能力。在此背景下，亲子互动和教育体验逐渐成为儿童主题公园的核心吸引力，推动“家庭消费 + 教育场景”的新业态形成。

MELAND 作为深圳市反斗星玩具设计开发有限公司旗下的室内亲子游乐品牌，将

“家庭消费＋教育场景”进行融合，是集主题乐园、娱乐成长、美育科普、亲子餐厅、运动科技于一身的游乐社交目的地。其以“孩子的眼光看世界”为设计初衷，筑造了多种互动场景，如模拟城市、探索丛林、海洋球池等。这些场景不仅为孩子们提供了丰富的游乐体验，还通过模拟真实生活场景，培养他们的社会认知和实践能力。同时，MELAND 开设的厨趣工坊、创意艺术、绘本延伸、科学实验、音乐表演、亲子剧场、魔幻舞台、运动游戏等亲子游乐体验项目，进一步强化了亲子之间的互动与合作。例如，在厨趣工坊中，家长和孩子可以一起动手制作美食，分享烹饪的乐趣，培养孩子的动手能力和家庭责任感。通过这些全场景的亲子沉浸式互动体验，MELAND 不仅满足了家长对儿童教育的期望，还为家庭提供了高质量的亲子陪伴时光，成功在激烈的市场竞争中脱颖而出。

乐高乐园隶属默林娱乐集团，是全球知名的主题公园品牌，凭借独特的乐高玩具元素和寓教于乐的理念，吸引了众多亲子家庭。乐高探索中心是乐高乐园旗下专为亲子家庭打造的室内游乐园，中国现建有三家，分别位于上海、北京和沈阳。古堡历险、乐高工厂之旅、魔法转盘等展区鼓励家长与孩子一同享受游乐设施的乐趣，德宝农庄、乐高好朋友等展区让孩子们用动手体验的方式发挥无限的想象力，打造属于自己的乐高世界。通过充满创意的亲子互动式游乐项目，乐高探索中心充分满足亲子互动游玩需求，成为亲子家庭遛娃胜地。

当前儿童主题公园正逐步打破单一的娱乐模式，更多地融合家庭消费和教育元素，打造多功能、多龄段参与的互动体验平台。通过引入亲子互动区、寓教于乐的教育项目，这类主题公园不仅满足了孩子们对快乐体验的渴望，也符合家长对孩子综合能力培养的期待，从而实现了娱乐与教育的双赢局面。

三、儿童主题公园发展机遇与挑战

（一）政策护航行业发展，标准空白亟待填补

在国家大力推动儿童友好型社会建设的背景下，儿童主题公园迎来发展机遇。当前出台的一系列政策文件充分体现了“儿童优先”的发展理念，不仅明确了保障儿童权益的重要性，更对儿童友好空间建设和活动场所增设提出了具体要求。这些政策导向为儿童主题公园的规划建设提供了坚实的政策支撑和发展依据。同时，地方标准在一定程度上填补了国家层面规范的空白，为儿童主题公园的建设提供了具体的指导，

如深圳市《儿童友好公共服务体系建设指南》与《儿童公园（园区）设计规范》。前者提出构建涵盖教育、医疗、文化、体育等多领域的儿童友好公共服务体系，强调从儿童视角出发，优化公共服务设施布局，提升服务质量和可及性，为儿童主题公园的建设提供宏观指导；后者则针对儿童公园的规划、设计、建设和管理制定了专门技术标准，强调环境安全、设施设计、绿化景观、无障碍设计、运营管理等方面的要求。这些地方标准更贴近当地实际需求和具体情况，能够为儿童主题公园的规划、设计、建设和运营管理提供更具针对性的指导，有助于推动区域内儿童主题公园的建设与完善，提升服务质量和安全保障（表 4-1）。

表 4-1　儿童主题公园相关国家政策和标准

政策和标准	内容
《中国儿童发展纲要（2021—2030）》	明确了儿童在健康、教育、福利、法律保护和环境等多领域全面发展的目标，提出增加儿童户外活动空间和推动儿童友好城市建设等任务，为儿童主题公园的建设提供了宏观政策支持
《关于推进儿童友好城市建设的指导意见》	明确提出，要在城市规划和建设中落实儿童优先理念，推动儿童友好理念深入人心，并逐步成为全社会共识和全民自觉，为儿童主题公园的建设提供了政策依据
《城市儿童友好空间建设导则（试行）》	明确了城市、街区和社区三个层级的儿童友好空间建设要求，强调公共服务设施、道路空间和公园绿地的适儿化改造，为儿童主题公园的规划、设计和建设提供了具体指导，推动其成为城市儿童友好空间体系的重要一环
《儿童友好公园评价标准》	旨在引导公园的规划设计、建设管理与提升改造，营造安全、健康、有趣、可持续的儿童友好空间环境，提升儿童在游憩和学习过程中的获得感、幸福感、安全感，为儿童主题公园的建设提供了可供参考的评价框架，确保公园在安全性、趣味性、可达性和舒适性等方面达到高标准，提升儿童的整体体验

（二）经济基础稳固，品牌突围迫切

近年来，我国经济持续稳健增长，居民收入水平不断提升。据国家统计局数据，2024 年全国居民人均可支配收入 41314 元，比 2023 年名义增长 5.3%，实际增长 5.1%；全国居民人均消费支出 28227 元，比 2023 年名义增长 5.3%，实际增长 5.1%。更多的家庭有能力支付门票费用以及在园内的餐饮、购物等其他消费项目，为儿童主题公园的发展提供了良好的经济支持。

许多家庭更加注重亲子陪伴和孩子成长体验，愿意在孩子的教育、娱乐等方面投入更多的资金，以满足孩子的需求和促进其成长。中国儿童产业研究中心公布的调查数据显示，我国 80% 的家庭中儿童支出占家庭支出的 30% 至 50%，家庭儿童的年平均消费为 1.7 万至 2.55 万元。中国游艺机游乐园协会、美团联合编制的《2024 中国旅游休闲度假市场新趋势发展报告》显示，2024 年上半年亲子游用户的比例为 18.2%，比

2023 年上半年增长 6.4 个百分点，2024 年主题公园中亲子游比例高达 20.3%。儿童支出的增加和亲子游的发展推动了儿童娱乐行业的快速增长，其中儿童主题公园作为集游乐、教育、科普、休闲等多种功能于一身的场所，能够满足儿童及其家长多样化的需求，受到广泛欢迎。

儿童主题公园市场竞争日益激烈，大量中小微型儿童主题公园涌现，主要参与者包括拥有雄厚资本和广泛资源的大型商业集团、以儿童娱乐为专业定位的主题乐园以及近年来新崛起的互联网儿童乐园品牌。这些竞争者充分利用各自优势，通过优化资源配置、发挥资金实力、强化品牌效应、塑造独特主题等方式在市场上占据了一定份额，中小微型乐园则因规模有限、资源不足而面临更大竞争压力，难以在激烈对抗中脱颖而出。同时，业内存在同质化竞争严重问题，品牌之间差异化不足，消费者辨识度较低。部分企业在客户获取方面面临困境，尤其是管理粗放、营销滞后的企业，难以有效应对市场需求的变化。行业在经济压力下不仅需要寻求差异化竞争，提升品牌价值，还需要更好地适应家庭消费趋势，优化运营管理以保障可持续发展。

（三）规模优势支撑市场，素质培养驱动创新

中国拥有庞大的儿童人口基数。中国儿童中心发布的《中国儿童发展报告（2024）》的数据显示，截至 2023 年年底，中国 0~15 岁儿童人口为 24789 万人，占总人口的 17.58%，这为儿童主题公园市场提供了广阔的潜在消费群体（图 4–1）。在新生儿出生率下降的情况下，庞大的存量市场以及家庭对儿童消费的重视，依然能够支撑起一个规模可观的儿童主题公园市场。伴随着现代家庭结构变化，社会对儿童教育的重视程度不断提高。根据第七次全国人口普查数据，中国家庭户均人口降至 2.62 人，中国家庭结构向小型化、核心化加速演变，促使家长将更多时间与资金集中于单个子女的成长需求。家长们越发认识到全面发展对孩子成长的重要性，不再局限于传统学科知识的灌输，而是更加注重孩子综合素质的培养，包括身体协调能力、社交能力、创造力与想象力等。教育观念的升级不仅推动了儿童素质教育的发展，也为儿童主题公园行业带来了新的机遇和挑战。儿童主题公园需要优化游乐设施的教育功能，开发更多互动性、探索性强的项目，并融入科学、艺术、文化等多种元素，以满足家长和孩子的双重需求。

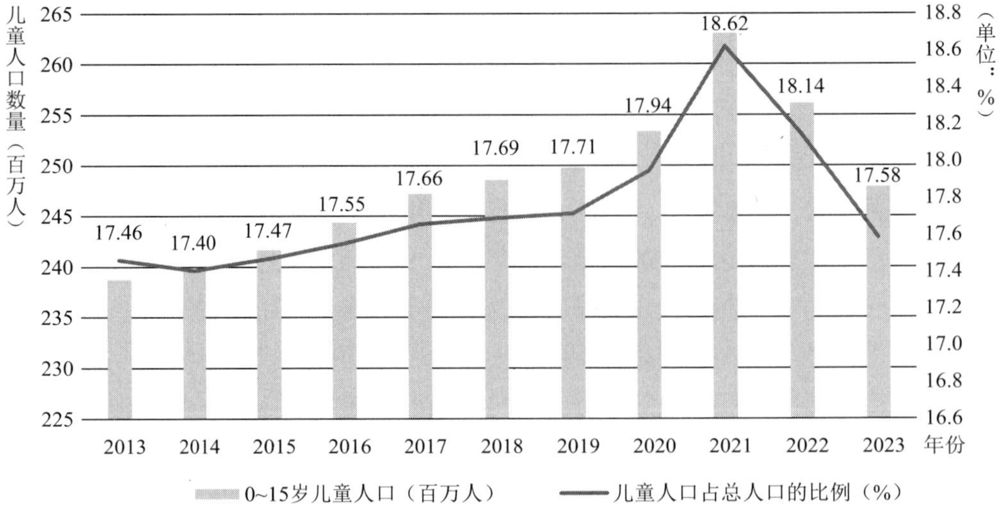

图 4-1　2013 年至 2023 年 0~15 岁儿童人口数量及占总人口比例

资料来源:《儿童蓝皮书：中国儿童发展报告（2024）》

（四）科技解锁沉浸体验，浅层应用亟待深耕

科技的不断进步为儿童主题公园带来了更加丰富的游乐方式。以熊出没探险乐园为例，通过逼真特效的动感环幕影院，孩子们可以回到大电影《熊出没・重返地球》的奇幻世界，体验一场科幻冒险之旅。未来，VR 和 AR 技术的应用可以创造更加沉浸的游乐场景，增强了游乐的趣味性和吸引力。更多互动式的科普展示和寓教于乐的科技游戏的加入可以使孩子们在玩耍中学习科学知识，培养动手能力和创新思维，也符合现代家长对孩子综合素质培养的期望。然而，新技术的应用往往面临较高的成本和技术门槛，许多中小型儿童主题公园难以负担必需的相关投入，科技赋能的普及度有限，导致部分技术应用仍停留在表层体验，未能与儿童的深度互动和教育目标充分结合，缺乏系统性和可持续性。科技设备更新换代较快，公园运营方在维护与升级方面面临一定挑战。儿童主题公园需在科技赋能方面加大投入，并推动科技与教育、娱乐的深度融合。通过政府支持、企业合作以及创新模式的探索，提升科技在儿童主题公园中的应用水平，让更多儿童受益于高质量的科技游乐体验，增强主题公园的市场竞争力。

四、儿童主题公园未来发展趋势

（一）市场需求增长，空间布局优化

随着家庭消费结构升级与三孩政策的红利释放，儿童主题公园市场需求持续增长，中国儿童主题公园行业仍存在较大的发展空间。园区在选址时需结合人口密度、城市发展规划及文化特色，充分考虑目标区域居民在儿童教育、娱乐方面的消费能力与意愿。城市化进程的加速使得城市居民对儿童教育和娱乐的投入不断增加，在城市中心或近郊选址能够更好地贴近目标客户群体；而随着二、三线城市及以下地区的经济发展和消费水平提升，下沉市场也逐渐成为儿童主题公园的潜力市场。选址时需综合评估当地居民的消费能力、儿童人口数量、周边配套设施等因素，以确保园区的可持续发展和盈利能力。

（二）注重品牌打造，深耕主题 IP

未来儿童主题公园需进一步进行品牌建设，强化主题化设计，明确核心主题，并通过打造独特的 IP 来增强核心竞争力，减少园区同质化现象，增强游客的沉浸感和记忆点。园区可以通过深度挖掘文化内涵，打造富有教育意义的 IP 内容，或借助现有热门 IP 构建园区故事线，通过持续的 IP 运营和拓展，开发相关的游乐设施、演艺项目、餐饮服务及文创商品，从而提升游客黏性，形成独特的品牌竞争力，进一步增强主题公园的市场影响力。

（三）丰富亲子互动，重视自然教育

现代家庭对亲子互动的重视日益增强，未来的儿童主题公园将在项目设计中更加突出亲子互动元素。园区可以设计更多需要家长与孩子共同参与的游乐设施和活动，如亲子合作的闯关游戏、共同完成的手工制作工坊等，增强家长与孩子之间的沟通与协作，促进亲子关系的发展。在园区的环境设计和服务设施上园区也需充分考虑亲子需求，为家长和孩子提供舒适、便利的游玩体验，使儿童主题公园成为家庭亲子时光的理想目的地。随着社会对自然教育的关注度不断上升，儿童主题公园将更注重融入自然互动元素。园区可以通过打造室内或室外的自然探索区、开展自然教育课程和活动等方式，将教育与娱乐相结合，让孩子在亲近自然的过程中学习生态知识、培养探索精神和实践能力，提升儿童对自然生态的感知能力，引导儿童树立环保意识、培养热爱自然的观念，进一步丰富园区的教育内涵，使儿童主题公园不仅是游乐场所，更成为儿童自然教育的重要基地。

（四）数字科技赋能，沉浸体验革新

随着科技的不断进步，数字化与智能化将成为儿童主题公园发展的重要方向。儿童主题公园将广泛运用虚拟现实（VR）、增强现实（AR）、人工智能（AI）等技术，重构娱乐与教育场景的边界，为儿童提供更沉浸的娱乐和学习体验，提升游客的游玩满意度。基于 AR 的虚实叠加技术打造动态知识探索场景，利用 VR 技术通过全息投影剧场等将恐龙时代、深海探险等场景以 1∶1 比例还原，刺激多感官认知发展。例如，广州天河超元力潮玩乐园等布局在商场和城市社区的虚拟现实体验乐园利用虚拟现实技术和沉浸体验设计，将不同文化场景与简易平台乘骑设备结合就能塑造出各种文化的沉浸体验，为不同年龄层次的人群提供娱乐机会。当然，在具体投资时，这类项目由于虚拟现实和增强现实技术设备初始投资较大而更新迭代速度又快，导致 2024 年开业的最新设备在 2025 年可能又落后了。这类以数智沉浸技术为主的小型乐园投资需要考虑后期持续设备和内容更新成本与现实经营情况的平衡。

第五章

中国水公园发展分析报告

陈倩绮　梁增贤

中国水公园行业近年来发展迅速，已成为居民夏季旅游的重要选择。随着居民消费水平提升和休闲需求增长，行业规模持续扩大，呈现良好发展态势。中研产业研究院《水上乐园产品入市调查研究报告》数据显示，2018—2022年，中国水上乐园市场规模从190亿元增至218亿元，年均复合增长率保持较高水平[①]。本章旨在通过对中国水公园的统计数据进行系统整理与对比以及对水公园代表品牌的分析，全面、深入地剖析中国水公园行业的发展现状与未来趋势，为相关决策者和行业参与者提供前瞻性的战略参考和实践指导，为中国水公园行业的持续健康发展提供有力的数据支持和理论依据。

① 中研产业研究院.（2024）. 2024—2029年版水上乐园产品入市调查研究报告。

一、核心概念界定

根据世界水上乐园行业协会（WWA）的定义，水公园是指拥有水滑梯、造浪池、漂流河以及其他水上休闲设施的以水为主要特征的游乐场所。参考《关于规范主题公园建设发展的指导意见》对主题公园的定义，并结合行业定义与数据收集情况，本书将水公园概念界定为：以水为主题和核心吸引物，旨在为游客提供水上休闲体验、文化娱乐产品或服务，具有一定数量的水上娱乐设施，占地、投资达到一定规模的园区。

二、中国水公园统计简况

研究团队对全国（仅限内地）范围内的水公园进行了统计和信息梳理。以“水上乐园”“水乐园”“水上世界”等关键词在携程等 OTA 平台进行检索，检索结果共计 1195 条；再对检索内容进行检查确认，筛选出符合前文概念界定、具有明确面积或投资额数据的水公园，部分水公园为单体园区，部分水公园包含在主题度假区、主题酒店内。截至 2024 年 12 月 31 日，全国共有 570 家符合界定标准的已建成营业的水公园。

（一）开业时间

水公园行业的发展历程反映了我国旅游市场从起步到快速扩展的过程。结合本书第一章对中国主题公园发展阶段的划分，本小节对水公园发展阶段进行如下分析。

第一阶段（2000 年以前）和第二阶段（2000 年至 2009 年）的水公园开业数量分别为 15 家和 27 家，处于起步和探索阶段。水公园作为一种新的旅游业态，在前两阶段尚未获得广泛关注和普及。这两个阶段的水公园规模和投资额较小，市场尚未成熟。

第三阶段（2010 年至 2019 年）是中国水公园行业的爆发期，全国新增水公园 439 家，数量远超其他时期。这一快速增长主要源于三方面因素：居民消费水平提升和休闲需求多元化，水公园作为新兴娱乐方式迅速普及；同时期主题公园和文旅度假区的大规模建设，带动了水公园投资规模持续扩大；在市场竞争加剧的背景下，运营灵活、投资回报率高的中小型项目因其风险可控性逐渐取代大型项目成为投资主流。

第四阶段（2020 年至 2024 年），中国水公园新增 89 家，尽管 2020 年至 2022 年受疫情冲击导致开业速度放缓，但仍展现出持续发展潜力。作为安全、家庭友好的休闲选择，水公园在国内旅游复苏的过程中保持了较强的市场吸引力。值得注意的是，疫情后行业呈现两大趋势：一方面，投资额提升，反映出市场对高品质、长周期运营项目的需求增长；另一方面，灵活、低成本、快速回报的投资模式仍是主流，主要满足本地家庭休闲等中低端市场需求。随着市场逐步回归理性，未来水公园或将向特色化、差异化方向发展（图 5-1）。

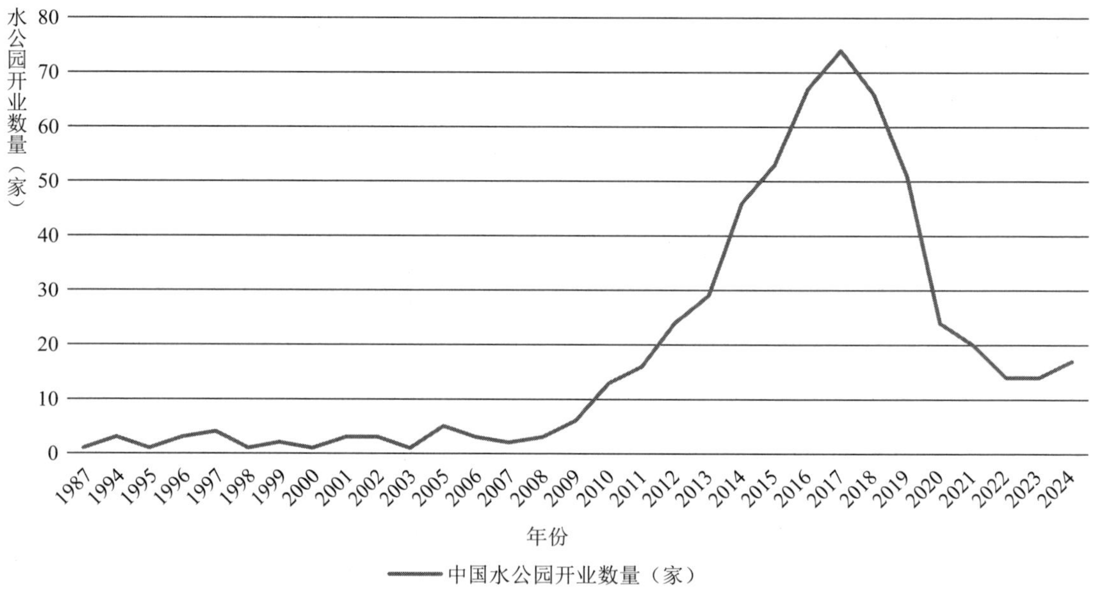

图 5-1　中国水公园开业年份统计

（二）区域分布

水公园的分布与地区经济发展水平、气候与运营周期限制等条件密切相关。我国水公园分布数量最多的省份是江苏省，为 43 家，其次是山东省和浙江省，分别为 40 家和 38 家。这些地区经济发展水平较高，为水公园的建设和运营提供了雄厚的经济基础和资金支持；人口密集且消费能力强，旺盛的娱乐休闲活动需求，为水公园的持续运营提供了稳定的客源市场；气候条件适宜，夏季炎热潮湿，适合开展水上活动，为水公园的长期运营提供了良好的自然环境。西部和部分中部地区的水公园建设相对滞后。西藏自治区暂无水公园分布，青海省也仅有 2 家，宁夏回族自治区、新疆维吾尔自治区等地区的水公园数量也较少，分别为 3 家和 4 家。这些地区经济发展水平相对较低，资金相对匮乏，水公园等娱乐休闲产业的投资能力有限；气候条件限制较大，夏季时间较短，不利于水公园的运营；旅游基础设施建设相对薄弱，酒店、餐饮、交通等配套设施不够完善，难以吸引足够的游客数量。

（三）属性近似度

我国水公园行业呈现主题化程度分层、市场分布不均的特点。核心类水公园 157 家，占比 27.5%，以广州长隆水上乐园、亚特兰蒂斯水世界为代表，作为单体乐园具有较高的吸引力和客流量，凭借资源优势和专业团队实现较高主题化与商业化开发。该类水公园通常配备专业的运营和管理团队，打造丰富多样的主题场景和特色娱乐活动，并进行产业链的延伸开发，具有较高的品牌商业价值。近似类水公园 350 家，占比 61.4%，以城市水公园、水世界为代表，作为单体乐园在主题整合性、识别性和鲜明性上存在不足，季节性特征鲜明，同时在商业开发和产业链延伸方面尝试不足，难以形成明确的商业品牌。它们在市场竞争中处于相对劣势的地位，面临着来自其他旅游产品的竞争压力。边缘类水公园 63 家，占比 11.1%，通常是主题度假区或主题酒店的一部分。该类水公园通常规模较小，仅包含简单的水上设施以满足基本的娱乐需求，如游泳池、滑道等，缺乏足够的空间和条件来打造丰富多样的主题娱乐项目，没有进行深入的主题策划和包装，无法形成完整主题娱乐体验。

三、水公园代表项目

（一）长隆水上乐园

1. 项目概况

长隆水上乐园，作为中国领先的水上主题公园之一，隶属广东长隆集团。广东长隆集团成立于 1989 年，总部位于广州，是一家融主题公园、度假酒店、文化演艺、特色餐饮、商务会展、科普教育为一体的大型文旅集团，成功打造了三个世界级文化旅游度假区——广州长隆、横琴长隆、清远长隆，共拥有七大主题乐园、九家度假酒店（房间总数超过 1 万间）和三座国际马戏大剧院。长隆水上乐园位于广州市长隆旅游度假区西侧，于 2007 年 5 月开业，占地面积 450 亩，是由加拿大白水公司（WHITE WATER）以及知名主题乐园设计机构加拿大弗莱克公司（FORREC）联合设计的水上乐园。长隆水上乐园拥有华南地区亚热带雨林的大面积原始生态环境，园内设有多个主题区域，如热浪谷、儿童玩水区、宝贝水城等，提供丰富多样的水上娱乐设施。

2. 运营状况

长隆水上乐园以其独特的设计、丰富的设施和卓越的运营管理，吸引了大量游客，成为世界知名的水上乐园。开园以来，长隆水上乐园多次被国际主题公园及游乐行业协会（IAAPA）评为全球必去的水上乐园。《主题公园和博物馆报告》显示，2007 年开业以来，长隆水上乐园每年均进入全球 TOP20 水上乐园，2007 年至 2010 年排第 3 名，2011 年至 2012 年排第 2 名，2013 年开始至 2024 年蝉联世界第 1 名。2023 年，长隆水上乐园年游客量达 280.7 万人次，相比 2022 年增长 73.3%，略高于 2018 年的 274 万人次，低于 2019 年的 301.4 万人次。乐园核心项目摇滚巨轮曾连续获得多项国际大奖，2025 年 4 月上新三大巨无霸水上游乐设备（风暴双响炮、冲天双浪板、磁力炮水上过山车）。

3. 优势分析

①区位优势。乐园坐落于广州市，地理位置优越，不仅有多条高速公路和城市主干道直达园区，更依托广州作为华南交通枢纽的地位，有效辐射国内外客源市场。②品牌优势。作为长隆集团旗下的核心主题公园之一，长隆水上乐园充分利用集团的强大品牌影响力和资源支持，依托于广州长隆度假区“主题公园集群 + 度假酒店”的综合配套，与周边的长隆野生动物世界、长隆欢乐世界等主题公园形成协同效应，打造目的地级的主题公园群，进一步扩大了其市场辐射范围。③主题 IP 活动丰富。乐园依托集团和度假区的自有 IP（妹猪、卡卡虎）或与热门 IP 的联名活动，通过构建沉浸式的消费场景，提供差异化的游览体验，打造长线运营模式。例如，2024 年广州长隆水上乐园与《蛋仔派对》推出联名活动，打造了主题戏水区、蛋仔造型打卡点和夜间电音派对等特色项目。游客可体验游戏同款闯关挑战、购买限定周边产品，参与蛋仔主题大巡游。活动贯穿暑期，结合了亲水娱乐与潮流 IP，为家庭游客和年轻游客提供全新玩水体验。

（二）方特水上乐园

1. 项目概况

方特水上乐园是华强方特集团旗下的水上主题乐园。华强方特文化科技集团股份有限公司作为国内知名的大型文化科技集团，已在国内国际市场上成功打造具有强势影响力的中国文化科技品牌。华强方特文化科技集团股份有限公司的业务分为文化内容产品及服务、文化科技主题乐园两大类，其中文化内容产品及服务包括特种电影、动漫产品、主题演艺、文化衍生品，形成了优势互补的全产业链。文化科技主题乐园方面，华强方特成功实现了规模化发展和全国性布局，先后在全国 20 余座城市建成并运营 30 余座主题乐园。

方特水上乐园目前已在芜湖、郑州、厦门、天津、鹰潭、台州、宜春和徐州 8 座城市建成开业，规模以中小型为主。芜湖方特水上乐园、郑州方特水上乐园开业于 2014 年；厦门方特水上乐园开业于 2017 年；天津方特水上乐园开业于 2021 年；鹰潭方特水上乐园、台州方特水上乐园、宜春方特水上乐园、徐州方特水上乐园开业于 2024 年。方特水上乐园聚集了多项国际主流精品项目，为游客提供了丰富多样的水上娱乐体验。园区内设有多个主题区域，如熊出没水寨、丛林探秘、爱琴湾、飓风湾等，每个区域都拥有独特的水上设施和表演活动，为游客提供兼具刺激与欢乐的沉浸式亲水体验。

2. 运营状况

《主题公园和博物馆报告》数据显示，方特水上乐园在亚太水上乐园 TOP20 排行榜中的表现突出，成为仅次于长隆的第二大本土水公园品牌。其中芜湖方特水上乐园、郑州方特水上乐园连续 9 年进入亚太地区 TOP20 水公园；厦门方特水上乐园连续 5 年进入亚太地区 TOP20 水公园；2023 年厦门方特水上乐园、郑州方特水上乐园的位次分别提升至第 9 位和第 12 位，芜湖方特水上乐园的位次下降至第 8 位。2024 年四家方特水上乐园的开业彰显了方特在疫情后加速市场扩展的策略，不仅扩大了品牌的市场覆盖范围，也进一步提升了方特在行业中的影响力。

3. 优势分析

①差异化市场布局。方特水上乐园在全国范围内广泛布局，形成了覆盖华东、华中、华南、华北等区域的品牌网络，满足不同地区游客的需求。同时，方特水上乐园深耕二、三线城市，这些城市经济发展水平较高，具备一定的区位优势，为乐园提供了大量的周边客群和本地客群。②综合度假区模式。方特水上乐园通常与方特其他主题公园共同构成综合性度假区。例如，台州方特水上乐园与台州方特狂野大陆主题乐园联动，共同打造台州东部沿海水陆合欢旅游度假区；芜湖方特水上乐园与芜湖方特欢乐世界、芜湖方特梦幻王国、芜湖方特东方神画共同构成芜湖方特旅游区这一综合性休闲旅游度假区。度假区模式在一定程度上可以节约建设及运营成本，为游客提供了多元化的娱乐选择，延长游客停留时间，增强了乐园和品牌的吸引力和竞争力。③ IP 辨识度高。方特拥有熊出没等知名 IP，围绕 IP 进行全方位、立体式的开发运用，使 IP 元素被广泛应用于乐园的主题设计和项目中，如熊出没乐园与方特水上乐园的结合，为方特水上乐园注入了强大的品牌活力，增强了品牌的吸引力和辨识度。

（三）亚特兰蒂斯水世界

1. 项目概况

亚特兰蒂斯水世界，是全球知名的水上主题乐园品牌之一，隶属复星旅文集团。

复星旅文集团成立于2009年，是专注于旅游及文化产业投资与运营的综合性旅游休闲度假集团，业务涵盖酒店、度假村、主题公园、旅游目的地等多个领域，致力于打造一站式度假体验，成功打造了多个世界级旅游度假区。亚特兰蒂斯度假区是一站式海洋主题综合旅游度假目的地，包括1314间全海景客房及水底套房、亚特兰蒂斯水世界与海豚小岛等。

亚特兰蒂斯水世界于2018年4月开业，占地面积为300亩。乐园以神秘的亚特兰蒂斯文明为背景，融合了丰富的海洋文化元素，提供36条水上滑道、反重力水上设施、水底隧道等丰富多样的水上娱乐体验。园内设有多个主题区域，如公主塔、海神塔、嬉水童趣及海洋帝国等，满足不同年龄段游客的需求。此外，游客还可以与鲨鱼、鳐鱼等海洋生物亲密接触，感受独特的海底世界。

2. 运营状况

亚特兰蒂斯度假区自营业以来备受关注，迅速成为国内外游客的热门目的地。2019年营业额达13.1亿元，年到访游客量达520万人次，2023年营业额达16.75亿元，同比增长91%。作为度假区核心组成部分之一的亚特兰蒂斯水世界发挥了重要作用。根据《主题公园和博物馆报告》，亚特兰蒂斯水世界2018年游客量达60万人次，2019年游客量达120万人次，在亚太地区TOP20水公园中排第5名，2023年游客量为160万人次，在亚太地区TOP20水公园中排第2名。亚特兰蒂斯水世界的突出表现不仅巩固了其在区域内的领先地位，也为度假区整体业绩的增长提供了重要支撑。

3. 优势分析

亚特兰蒂斯水世界得益于海南独特的热带气候条件，园区能够全年开放，不仅填补了国内水上乐园冬季市场的空白，还成为三亚全年旅游的标志性产品，吸引了大量国内外游客。水世界配备13000吨淡水加热系统，确保全年水温保持在26℃~28℃，为游客提供更加舒适的水上娱乐体验。亚特兰蒂斯水世界与亚特兰蒂斯酒店紧密联动，酒店住客可以免费畅玩水世界，这种无缝衔接的体验极大地提升了游客的度假便利性。酒店拥有1314间全海景客房及水底套房，住客还可以享受亚特兰蒂斯水世界、水族馆、海豚小岛等其他娱乐设施的优惠。这种联动模式不仅增强了游客的黏性，还为度假区带来了更高的综合收益。

亚特兰蒂斯度假区通过整合住宿、餐饮、娱乐、购物等多元业态，为游客提供一站式高端度假体验。度假区内设有水上乐园、水族馆、海豚小岛等特色设施，配合高端餐饮和购物服务，让游客能够享受一站式、全方位的休闲娱乐服务。这种集约化运营模式不仅提升了游客体验的便捷性和舒适度，还通过促进内部消费有效提高了度假区的整体收益，进一步增强了亚特兰蒂斯水世界及整个度假区的市场吸引力。

（四）玛雅海滩

1. 项目概况

玛雅海滩水上乐园是华侨城集团旗下的水上主题乐园，隶属华侨城文化旅游股份有限公司。华侨城集团是国内知名的大型文化旅游产业集团，致力于文化、旅游和娱乐产业的融合与创新，多次荣膺全国文化企业30强、中国旅游集团20强，业务遍及全国百余座城市以及全球多个国家和地区，在境内外拥有华侨城A、深康佳A、云南旅游、华侨城（亚洲）4家上市公司。作为行业的领军企业，华侨城集团凭借其雄厚的实力和独特的创意，成功将中国传统文化与现代娱乐科技相结合，形成了独具特色的品牌影响力。

玛雅海滩水公园以玛雅文化为主题，融合古玛雅文明与现代水上游乐体验，是国内唯一一个以玛雅文化为主题的连锁水公园品牌。自1998年第一座玛雅海滩水公园——深圳玛雅海滩水公园落地开始，华侨城集团在全国范围内已陆续布局12家玛雅海滩水公园，覆盖深圳、上海、武汉、天津、南昌、重庆、佛山、南京、襄阳、西安、衡阳、北京，形成了全国性连锁布局。

2. 运营状况

《主题公园和博物馆报告》数据显示，玛雅海滩水公园在亚太地区的水上乐园市场中表现优异，成为第三大本土水上乐园品牌。特别是武汉、上海和天津的玛雅海滩水公园，分别连续11年、10年、6年进入亚太地区TOP20水公园排行榜。2023年，上海、天津和武汉玛雅海滩水公园分别在亚太地区水上乐园TOP20排行榜中占据了第13、18和19位的位置。

3. 优势分析

①核心城市布局。玛雅海滩水公园的选址策略充分考虑了中国各大城市的市场潜力和文化特色，依托华侨城集团“主题公园＋城市文旅”的连锁化战略，主要选择在全国一、二线城市布局。上海作为中国的经济和文化中心，拥有庞大的消费市场，国际化程度高的乐园的设立能够吸引大量国内外游客。天津作为直辖市，经济基础雄厚，文化底蕴深厚，乐园的运营有助于丰富当地的旅游业态。武汉作为中部地区的重要城市，交通便利，辐射周边省份，乐园的建设能够满足中部地区日益增长的休闲娱乐需求。其他城市如南昌、重庆、佛山、南京、襄阳、西安、衡阳和北京等地的乐园设立，进一步拓展了品牌的市场覆盖范围，增强了品牌的影响力。②文化吸引。玛雅海滩水公园以玛雅文化为主题，打造了多个特色项目，如羽蛇神环、玛雅水寨等，将神秘的玛雅文化融入游玩设施中，为游客提供了沉浸式的文化体验。这种主题化的设计不仅增强了游客的游玩趣味性，还提升了水公园的辨识度和吸引力。③季节性活动。玛雅

海滩水公园还通过举办多样化的活动，增强了游客的参与感和体验感。如上海玛雅海滩水公园定期举办电音泼水节、落日派对等活动，结合潮流音乐与水上娱乐，营造出独特的游玩氛围。这些活动不仅吸引了年轻游客，还提升了水公园的品牌形象，成为游客心目中的热门打卡地。

四、中国水公园未来发展趋势

（一）主题突破：从外观到内涵的深度挖掘

中国水公园行业当前面临主题模糊和场景同质化的普遍问题。多数水公园仅停留在热带风情或卡通 IP 等浅层主题包装阶段，缺乏文化内涵和系统性叙事，难以与本土特色形成有效结合，导致游客体验缺乏情感共鸣。要突破这一困局，水公园应当深耕地域文化，将地方历史、民间传说等特色元素转化为主题故事线，并通过游乐设施、互动场景等载体实现叙事贯穿，从而打造差异化的沉浸式体验。在内容创新方面，IP 授权已成为提升品牌吸引力的有效路径。以临海熊出没欢乐港湾为例，其通过知名动画 IP 打造主题化亲子项目，让游客在互动设施中沉浸于故事世界。这种深度开发模式表明，水公园的差异化竞争不仅需要硬件升级，更要注重文化内涵的挖掘与创新融合。将地域特色、历史故事等元素深度植入每个体验环节，才能形成独特的市场竞争力，在激烈的行业竞争中脱颖而出。

（二）体验升级："科技 + 内容"双轮驱动

随着消费升级和体验经济的兴起，水公园已进入以科技创新和内容体验为核心的发展新阶段。传统的水上滑道和游乐设施已难以满足游客日益多元化的需求，行业正通过设备技术创新和活动内容赋能来提升核心竞争力。在设备升级方面，头部企业积极引入国际领先技术。如长隆 2024 年引进的电磁巨人过山车项目，采用宝澜公司最新研发的电磁弹射技术，将水上过山车的刺激体验推向新高度；北京玛雅海滩水公园则运用宝澜专利的激流水推进技术，打造出更具冲击力的重力体验项目。这些技术创新不仅提升了游玩体验的沉浸感和代入感，更重新定义了水公园的娱乐边界。在内容运营层面，主题活动正成为水公园吸引游客的新引擎。北京玛雅海滩水公园推出的《超凡未来》光影大秀，通过裸眼 3D、水火特效等前沿技术，打造出世界首个 360° 旋转悬浮舞台，为游客带来震撼的视听盛宴。长隆水上乐园与《蛋仔派对》的深度合作，不仅将IP元素融入五大经典设备，更通过主题巡游、电音派对等活动创新互动体验。水公园已从单纯的设备驱动转向“科技+内容”双轮驱动的发展模式，通过持续创新来保持市场竞争力。未来，水公园需要精准把握目标客群需求，在技术创新和内容创意上形成差异化优势，才能建立持久的品牌影响力。

（三）市场分层：二、三线城市的新增长点

随着水公园行业的发展演进，市场格局正呈现明显的分层化趋势。在一线城市竞争日趋饱和的背景下，消费升级的二、三线城市凭借日益增长的休闲娱乐需求，正成为区域性特色水公园的新兴增长极，这类项目多以轻资产模式运作，深度挖掘本地文化特色，精准服务周边客群；而大型资本则聚焦核心旅游城市及知名度假区，打造集娱乐、住宿、餐饮、购物于一体的综合性水上娱乐目的地，如方特水上乐园与主题公园联动形成的旅游综合体，或亚特兰蒂斯水世界与度假酒店协同开发的高端业态。投资者需综合考量区域消费能力、人口基数、交通可达性等关键要素，通过差异化定位避免同质化竞争，方能在细分市场中建立可持续的竞争优势。中小型项目应立足本土特色做精做专，大型综合体则需依托区位优势做强体验深度，这种战略分层将有效推动行业健康有序发展。

（四）业态创新：从单一娱乐到复合消费升级

根据人民网研究院《2024年度服务消费热点趋势观察报告》，“跨界混搭”正成为消费业态的核心趋势，文商旅体多业态的深度融合催生了“跟着赛事去旅行”“跟着演出去旅行”等新消费模式。在这一趋势下，水公园已突破传统水上娱乐的单一属性，向集演艺、互动、餐饮、康养、教育等功能于一身的综合性休闲目的地转型。这种转变不仅丰富了消费场景，更通过业态联动提升了游客体验的深度与广度，为行业发展开辟了新空间。

打造全天候复合型娱乐空间。水公园正通过多样化的活动策划，从季节性戏水场所升级为全天候娱乐综合体。以2024年南京欢乐谷蓝鲸音乐节为例，该项目创新性地将泼水狂欢与音乐节结合，打造58天的“泼水音乐节+双乐园”夜间产品，通过明星演出、主题周活动等形式，成功延长游客停留时间并提升消费黏性。类似案例表明，水公园可通过“演艺+游乐”的模式突破时间限制，激活夜间经济。此外，与IP、科技、文化等元素结合，如海昌海洋公园的“科技美食潮玩节”、青岛东方影都的水上4D影院等，进一步拓展了体验维度，使水公园成为满足多元需求的社交娱乐空间。

构建多维度消费生态。为提升竞争力，水公园正积极探索与其他产业的跨界融合。在康养领域，十万大山布透温泉创新“温泉+水上乐园”模式，打造室内外康养健身

区，满足游客休闲疗愈需求；在教育板块，珠海长隆海洋王国推出研学课程，将动物保护知识与互动体验结合，拓展了亲子客群的市场价值。这些实践表明，水公园可通过“主题餐饮 + 本地文化”“影视 IP+ 沉浸娱乐”“康养 + 游乐”“教育 + 体验”等组合，构建覆盖全年龄段、全时段的消费生态，在激烈的市场竞争中形成差异化优势，实现可持续发展。

第六章

中国无动力乐园发展分析报告

陈倩绮　梁增贤

随着居民可支配收入持续增长、消费结构多元化以及休闲需求不断升级，无动力乐园凭借低碳环保、安全健康和亲子互动的综合优势，为儿童打造了自由探索、动手实践的开放平台，充分满足了家长对于儿童成长环境的多元化需求，快速崛起为家庭休闲新宠。本章将从核心概念界定出发，系统梳理无动力乐园行业市场需求、品牌发展、主题化程度、设施需求的发展现状，深入剖析政策支持、经济驱动、需求变化与科技赋能为无动力乐园行业带来的机遇与挑战，并对未来无动力乐园行业以主题化突围、品牌化推进和多元业态融合为特征的发展趋势进行展望，为行业从业者和投资者提供决策参考。

一、核心概念界定

无动力乐园最初是专为 3~14 岁儿童及其家庭设计的游乐场所，近年来也出现了成年无动力乐园，其核心特色在于采用无动力游乐设施，通过开放或封闭的运营模式，致力于打造兼具安全性、互动性和教育性的游乐空间。无动力乐园通常不含动力游乐设施，由多个无动力游乐装置构成核心区域。无动力乐园既可作为开放性质的公共公园，免费向公众开放；也可作为封闭运营的商业化空间，通过收费模式实现盈利，兼具休闲娱乐和教育功能。本书的无动力乐园主要是指后者，即以营利为目的兴建的，以无动力游乐设施为核心载体，占地面积大与投资规模化的封闭式运营空间。

无动力游乐设施是指不依赖电动、液压、气动等任何外部动力装置驱动，由攀爬、滑行、钻筒、走梯、秋千等功能部件和结构、扣件及连接部件组成的可参与互动的游乐设备，包括滑梯、秋千、攀爬网、蹦床、跷跷板等。这类设施通常通过人体自身的动作或自然外力（如重力、惯性）实现游乐功能，强调身体活动、互动性和体验性。根据功能和结构特点，无动力游乐设施可以分为机械式、摇摆式、滑落式、起落式、攀爬式、平衡式、探索式和健身器械式等多种类型，能够为不同年龄段的使用者提供安全、有趣的游乐体验。

根据游客体验侧重点，无动力游乐设施可以分为挑战型、体验型和互动型，挑战型无动力设备以其高度刺激性和挑战性而著称，如高空滑索、悬崖秋千和高空自行车等；体验型无动力设备更加注重游客的休闲体验，如丛林穿越和玻璃栈桥等项目；互动型无动力设备强调多人共同参与和互动，如滑梯、五彩木桩和彩虹滑道等。

二、无动力乐园行业发展现状

（一）市场需求释放

近年来，中国无动力乐园行业经历了从萌芽到快速发展的历程。其雏形可追溯至 20 世纪 80 年代，早期项目多以简单无动力设施的组合形态出现，功能单一且缺乏系统性规划。经过四十年的发展，行业逐渐从设施堆砌的粗放模式向具有独立商业意义的产品与服务空间集成转变。截至当前，全国以户外无动力乐园为特色开展经营的园区已接近千处，单体投资规模集中在 200 万元至 2000 万元区间，行业整体呈现稳健扩张态势（李慧华等，2019）。

市场规模的持续增长得益于家庭亲子游需求的快速增长、无动力乐园的投资优势及绿色环保理念的普及等多重因素的协同作用。随着三孩政策的实施，家庭结构的变化催生了高频次的亲子消费需求，而无动力乐园凭借低碳、环保、安全等特点及强调自然互动与体能训练的游乐模式，契合了现代家长对儿童教育性娱乐的重视，逐渐成为家庭亲子活动的理想选择。相比传统主题公园，无动力乐园的建设门槛较低，投资回报周期较短，用地灵活性提高了土地资源的利用效率，无论是城市公园配套、景区升级项目，还是商业综合体的引流设施，均能实现高效适配。这种“低投入、高适配”的商业模式，吸引了大量中小型投资者进入市场。无动力乐园通过利用自然地形、减少机械依赖的开发模式，构成低能耗、高融合的游乐形态，契合了当代消费者对可持续发展的关注。

（二）品牌集中度低

在品牌发展层面，尽管无动力乐园行业内企业数量众多，但缺乏具有全国影响力和规模效应的大型连锁品牌。以知名无动力乐园品牌星乐度为例，其旗下的星奇塔无动力世界是星乐度 · 露营小镇的核心项目，是全亚洲投资最大、玩法最多样、设备聚合最多且采用全进口设备的无动力挑战目的地。星乐度 · 露营小镇立足于粤港澳大湾区，致力于打造集特色住宿、奇趣游乐、户外运动、拓展教育、特色美食于一体的全龄段休闲旅游目的地。但目前其尚未能形成规模效应，仅在珠海进行布局，且市场影响力有限，更偏向于城市级或社区级主题公园。

无动力游乐设备制造领域具有丰富经验的企业近年来也逐步向无动力乐园整体解决方案提供商转型，并创立了无动力乐园品牌。这些企业通过整合设计、研发、施工和运营等环节，形成了从设备制造到项目落地的一站式服务能力，并在市场中占据了一定份额。例如，季高集团通过跨界整合全球亲子产品资源、文创 IP 资源、设计及理论专家资源、国际化运营管理资源，加以自主创新研发，为客户提供策划咨询、规划设计、IP 文创、产品实施、投资运营及产业研究的全产业链解决方案。2020 年，旗下子集团季高文化集团正式成立，打造了季高兔窝窝亲子园、季高乐园、JEGOLAND 等多个亲子乐园 IP，并成功构建了全季节、全空间、全年龄的亲子休闲度假服务体系。

尽管部分品牌凭借研发实力、产品质量和良好的市场口碑在竞争中占据了优势，但总体而言，行业内的品牌集中度较低，品牌影响力有限。许多无动力乐园运营商在产品创新、品牌建设和服务质量方面存在明显不足，缺乏系统化的运营能力和创新性设置，导致市场上产品和服务质量参差不齐，难以形成差异化竞争优势，往往依赖价格战或短期流量获取生存空间。随着市场竞争的加剧，行业将逐渐走向品牌化、规模化发展，具有创新能力和品牌影响力的企业将在市场中脱颖而出。头部品牌通过标准化运营和规模化扩张，提升市场集中度，区域特色品牌则通过深耕本地市场，提供定制化服务，共同满足不同消费群体的需求，推动行业向更高水平迈进。

（三）主题化与综合体验升级

无动力乐园正经历从传统设施向情景化、主题化体验的深刻转变，其产品与体验活动日益丰富多样，体现出从单一游乐设施向融合创意设计与文化故事体验的升级趋势。过去以跷跷板、滑梯、砖筒等固化设备简单堆砌的模式，逐渐被注重创意和主题性的设计所取代。如今，无动力乐园强调产品设计的创意和质量，在主题形象的精准塑造和IP故事化方面不断发力，部分项目还融合了教育、体育、探险等多种元素，推出了户外拓展训练、亲子互动游戏、自然科学探索等综合体验活动，使得游玩体验更加丰富和趣味盎然。

季高兔窝窝亲子园是季高文化集团与红纺文化旗下国际知名IP——PANCOAT盼酷共同联名打造的以大型无动力游乐设施体验为主，结合亲子游乐、研学科普、休闲娱乐为一体的家庭式亲子园。园区汇集约20个全球进口无动力游乐设施品牌，游乐设施融合季高兔窝窝原创IP兔飞和PANCOAT IP中的多个经典大眼睛卡通形象，打造兔宝王国、成长世界和创造湾三大片区，设置遗忘角、兔宝堡、竞速场、魔音谷、探索湾、萌兔家、幸福街、飞行家、云中街、捕梦网和聪明角11个风格各异的游乐休闲体验板块。其提出“亲子＋游乐”“亲子＋教育”“亲子＋体育”“亲子＋度假”的商业理念，打造全年不息的节庆演艺活动和上百种亲子互动研学课程。以季高兔窝窝亲子园为代表，反映了当今无动力乐园注重在主题化IP化加深的基础上加入丰富的综合体验，从而满足消费者对高品质、多样化娱乐体验的需求，吸引大量游客。

（四）安全为首，创意体验与环保并重

随着消费者对娱乐体验重视程度不断提升，其需求和偏好也呈现出新的变化。安全性依然是选择无动力乐园的首要考量，尤其在儿童游玩场景下，设备的稳固性、耐用性与防护措施的完善程度直接关系到家长的信任度和使用体验。以奇乐游乐设备有限公司为例，其从设备安全性能升级、管理流程重构、全周期服务创新和教育赋能四大维度，构建立体化的安全防护体系：通过优化材料与结构设计、集成智能监测系统并优化空间布局，实现设备防护升级；以全链条安全管理体系、系统化人员培训与应急响应机制和精细化环境管理为抓手，推动管理流程重构；采用EPC安全前置、数据

驱动运维升级和用户参与共建模式，促进全周期服务创新；安全教育融入设备功能设计，实现儿童寓教于乐。通过形成无动力乐园的安全防护体系，能够全方位提升设备安全与管理水平，增强游客对无动力乐园的信任，促进园区高质量、可持续发展。

消费者对无动力乐园的创意体验与环保要求也愈加突出。从传统的秋千、滑梯，到现代的攀岩墙、沙水池、绳索挑战等无动力游乐设施，消费者对无动力游乐设施的趣味性、创新性、教育意义以及与周边环境的融合度等诸多方面都有着更高的期望。游客需求呈现多元化特征：在确保安全的前提下，既追求基础娱乐功能，又渴望刺激独特的体验；既关注设施的环保可持续性，又重视促进亲子互动的社交属性。

三、无动力乐园行业发展机遇与挑战

（一）政策标准逐步完善，安全风险隐患降低

近年来，国家层面出台了一系列与无动力游乐设施相关的标准，为无动力乐园行业的规范化发展提供了重要保障，如《无动力类游乐设施技术条件》（GB/T 20051—2006）对蹦极、滑索、儿童娱乐城等设施的技术要求进行了明确规定，为设施设计和生产提供了技术依据；《小型游乐设施安全规范》（GB/T 34272—2017）则对小型游乐设施的材料、安全要求和试验方法进行了规范，为设施的安全运营提供了保障。地方性标准的出台也为地方无动力乐园行业的发展提供了指导，如《无动力类游乐设施浙江区域名牌标识获准使用条件》（T/WWX 01—2019）通过规范设施标识的使用条件，提升了地方无动力乐园的行业形象和市场竞争力。这些政策标准的制定与实施，不仅为无动力乐园的设施设计、生产、安装和运营提供了明确的规范，也为行业整体的健康发展奠定了基础（表 6-1）。

大多数无动力设施标准属于推荐性标准，以自愿采用为主，缺乏法律强制力与行政执法支撑，导致执行深度和一致性不足。行业自律和市场选择成为主要驱动，合规检验检测覆盖面有限，安全风险隐患或因此被放大。无动力设施标准存在标准更新周期长、覆盖领域窄，标准体系与行业发展脱节的问题，地方标准和企业标准虽可灵活补充，但缺乏统一的风险评估和行业协调，难以形成合力。未来，无动力乐园行业的发展需要在政策标准优化和行业自律方面寻求突破，在规范化与创新中实现可持续发展，为消费者提供更加安全、优质的游乐体验。

表 6-1　无动力乐园行业标准（部分）

中文标准名称	标准号	发布日期	实施日期	主要内容
无动力类游乐设施技术条件	GB/T 20051—2006	2006/1/9	2006/7/1	本标准规定了蹦极、滑索、儿童娱乐城、充气弹跳、系留式观光气球、空中飞人 6 种游乐设施的要求、试验方法
无动力类游乐设施儿童滑梯	GB/T 27689—2011	2011/12/30	2012/6/1	本标准规定了无动力类游乐设施儿童滑梯的术语和定义、分类、型号和基本参数、技术要求、安全要求、试验方法、检验规则及标志和使用说明、包装、运输与储存
无动力类游乐设施术语	GB/T 28622—2012	2012/6/29	2012/12/1	本标准规定了无动力类游乐设施的通用术语及其定义与滑梯、秋千、无动力类转椅、摇马、跷跷板的术语及其定义
无动力类游乐设施秋千	GB/T 28711—2012	2012/9/3	2013/1/1	本标准规定了无动力类游乐设施秋千的术语和定义、分类、型号和基本参数、要求、试验方法、检验规则及标志和使用说明、包装、运输与贮存
游乐设施术语	GB/T 20306—2017	2017/9/29	2017/12/1	本标准中包含了对无动力类游乐设施的基本名词术语及定义的界定，即本身无动力驱动，由乘客操作或娱乐体验的游乐设施
小型游乐设施安全规范	GB/T 34272—2017	2017/9/29	2018/4/1	本标准规定了小型游乐设施的材料、安全要求、试验方法、标志与使用维保说明书和使用管理
小型游乐设施立体攀网	GB/T 34022—2017	2017/9/29	2018/4/1	本标准规定了小型游乐设施立体攀网的技术要求、试验方法，检验规则及标志，使用说明、包装、运输与储存
无动力类游乐设施浙江区域名牌标识获准使用条件	T/WWX 01—2019	2019/8/13	2019/8/20	本标准规定了获准使用无动力类游乐设施浙江区域名牌标识所要求达到的条件
小型游乐设施转椅	GB/T 41855—2022	2022/10/14	2023/2/1	本文件规定了小型游乐设施转椅的分类和型号、技术要求和试验方法、检验规则、场地要求、安装标志、使用维保说明书、包装、运输、储存
无动力游乐设施绳网	T/CAAPA 0005—2023	2023/3/25	2023/4/25	本文件规定了无动力游乐设施绳网的术语和定义、分类、要求、试验方法、检验规则及标志、使用说明、包装、运输与储存
充气式游乐设施安全规范	GB 37219—2023	2023/12/28	2024/7/1	本文件规定了充气式游乐设施的总体要求、安全要求、材料要求、随机文件（充气式游乐设施铭牌、充气风机铭牌、产品使用维保说明书）和使用管理要求，描述了检验、检测与试验方法

（二）经济增长提供动力，竞争压力亟待化解

中国经济的持续增长为无动力乐园行业奠定了坚实的发展基础。2024 年中国居民

人均可支配收入达到41314元，同比实际增长5.1%，居民整体经济状况的不断改善，也提升了家庭在休闲娱乐方面的消费能力。消费者对娱乐活动的需求逐渐从单纯的娱乐体验向更高层次转变，更加注重教育性和互动性，尤其是年青一代父母，他们更倾向于为孩子提供高质量的亲子活动，而无动力乐园凭借其低门槛、高互动性和强体验感的优势，通过融入科普、自然教育、团队协作等元素，打造复合型游乐场所，成为家庭消费的热门选择，吸引了众多资本涌入，形成当前文旅投资新热潮。

无动力乐园行业的快速扩张也带来了激烈的市场竞争，同质化竞争问题日益突出。许多无动力乐园在设备选择上趋于一致，大多集中于常见的攀爬架、滑梯、秋千等传统项目，缺乏独特性和创新性；深入挖掘主题内涵、打造出具有独特文化背景和故事性的乐园数量较少；无动力乐园多以简单的门票销售和基础的游乐设施维护为主，缺乏个性化、差异化的服务体验。游客的选择越来越多，而乐园之间的差异化却越来越小，游客很容易因为价格、距离等因素而做出选择，而不是因为乐园的独特魅力。这就使得各乐园在争夺有限游客资源时，不得不通过降低票价、增加营销投入等方式来吸引游客，从而陷入一种恶性竞争的困境，这种困境不仅压缩了企业的利润空间，影响了乐园的运营质量和服务水平，而且严重影响了整个无动力乐园行业的可持续发展。

（三）需求升级驱动发展，创新突破应对挑战

随着我国居民教育程度和文化水平的不断提高，人们对休闲娱乐活动的品质和内涵有了更高追求。无动力乐园作为一种融合自然、运动与趣味的户外娱乐方式，契合了现代人对健康生活和亲子互动的向往。家长越来越重视孩子的综合素质培养，而无动力乐园的各种设施能够锻炼孩子的身体协调能力、勇气和团队协作精神，这使得无动力乐园成为家庭休闲娱乐的热门选择。新生代家长对寓教于乐的推崇，推动无动力乐园从单纯的娱乐场所逐渐转型为“体能 + 认知 + 社交”三位一体的教育空间。随着社会文化多元化的发展，人们的娱乐选择越来越丰富，对无动力乐园的需求越来越多样化和个性化，无动力乐园面临着来自其他娱乐行业的激烈竞争。无动力乐园需要在项目设计、设备选材、运营管理等方面不断创新和提升，以提供更加独特、丰富的体验，满足消费者日益变化的需求，否则可能面临游客流失的风险。

（四）科技发展提升效能，精准迭代化解压力

在当今时代，科技作为推动各行业发展的重要力量，对无动力乐园行业同样产生了诸多影响，如云计算、大数据、物联网等智能化手段的应用为无动力乐园行业带来了切实的便利。通过入园前的在线购票、预约排队，园内的导航导览、安全监控，离园后的反馈收集、数据分析的智能化管理，提升运营效率，为游客营造更安心的游玩

环境。在科普教育方面，无动力乐园借助科技优势亦有较大发展空间，可以结合现代多媒体技术，如触摸屏、电子显示屏等，在园内设置科普互动区域，以生动有趣的方式向游客尤其是青少年普及科学知识，如物理原理在游乐设施中的应用等。

随着人们对娱乐体验新鲜感追求的不断增加，无动力乐园需及时引入新的科技元素和游乐设备，但频繁更新设施可能导致成本上升，增加运营压力，如何应对科技发展以满足消费者的需求是无动力乐园行业面临的重要问题。无动力乐园运营方应深入研究市场趋势和游客需求，加强与科技供应商的合作，提前了解新技术的发展动态和应用前景，制订合理的设施更新计划，在合适时机引入具有潜力的技术，避免盲目跟风投入，实现设施更新与成本控制的平衡，确保无动力乐园在激烈的市场竞争中持续吸引游客，实现可持续发展。

四、中国无动力乐园未来发展趋势

中国无动力乐园行业在起步阶段以“设备＋景观”的简单组合模式为主，培育出了季高乐园等代表性企业。然而，随着房地产行业低迷导致规划设计企业业务下沉，行业逐渐陷入低价竞争的困境。在建设门槛降低的背景下，大量新兴企业涌入市场，使得传统的设备销售与设计服务盈利模式难以为继。面对日益升级的消费需求和同质化竞争压力，行业转型升级已势在必行。未来，无动力乐园将朝品牌化、主题化与多元融合三大方向发展：一是强化品牌建设，实现市场认同和规模化复制；二是加强主题化，链接故事与商品，从“卖设备”转向“卖体验”，延伸至上游产业链；三是拓展多元消费场景，与社区、商圈、城市新区等联动，打造复合型消费空间，实现向下游产业链的延伸。

（一）品牌化驱动乐园高质量发展

在市场竞争日益激烈、设计门槛不断降低的背景下，打造高识别度、高品质感的品牌形象，成为无动力乐园突围同质化、赢得消费者信任的核心手段。一个成功的品牌能够为乐园带来更高的知名度、美誉度和客户忠诚度，从而在激烈的市场竞争中占据有利地位。无动力乐园品牌化需要通过精准、明确、独特的品牌定位吸引特定的目标客户群体，并在他们心中树立起鲜明的品牌形象。不同类型的无动力乐园可以根据自身的特点和优势，确定独特的品牌定位，如专注亲子互动的乐园、主打青少年挑战探险的乐园、以文化体验为主题的乐园等。如贝拉小镇围绕大型寓教于乐主题性户外亲子乐园的定位，共配置了70余种先进的、具有儿童素质训练价值的无动力设备，自主研发并开设了大量儿童素质训练教育课程，从而打造寓教于乐的理想王国。

品牌的拓展与规模化发展也是无动力乐园品牌化发展的重要方向。当一个无动力乐园品牌在当地市场取得成功后，可以考虑通过连锁经营、品牌授权等方式，将品牌推向更广泛的区域，实现规模化发展。如季高兔窝窝亲子乐园品牌计划每年在不同城市落地多个项目，通过标准化的运营模式和品牌管理，将成功经验复制到其他地区，进一步扩大品牌的市场份额。

（二）加深主题化驱动产业链上游延伸

在市场竞争日益激烈的环境下，构建完整的主题体验体系成为中国无动力乐园突破同质化困境、实现差异化发展的关键路径。无动力乐园正逐步从以设备堆叠与环境设计为主的初级阶段，迈向以“售卖主题体验”为核心的进阶模式。在这一过程中，乐园不仅停留在场景和设施的主题化包装，更注重通过故事线索的嵌入、主题角色的设定以及相关文创商品的开发，实现对“主题世界”的多维度延展，努力向上游内容创意产业链攀升，构建IP生态闭环。如成都阿飞森林主题乐园以“种子”为主题，原创了阿飞（AFI）这一IP形象，并构建了“生生不息”的价值观。为了构建完整的主题游乐园产品体系，设计团队从场地游玩、景观、游玩设备、氛围营造、IP形象、IP衍生商品开发、动画宣传、运营模式等多个方面进行了立体化的IP体系输出。

联动知名IP或打造本土原创IP成为无动力乐园强化主题表达、实现差异化竞争的重要手段。一方面，通过引入受众广泛的动漫、影视或游戏IP，乐园能够快速搭建出具备认知基础与情感联结的主题体系，如成都阿狸田野农场是集农场体验、非动力游乐、IP沉浸体验、自然教育于一体的东方田野乐园，依托乡村自然景观，复原大量阿狸绘本中的经典场景，打造沉浸式自然游乐体验产品。另一方面，越来越多乐园也开始因地制宜挖掘本地文化资源，将地域文化转化为可感知、可互动的原创IP形象，实现内容与场景的深度融合，如无锡蜜桃猪DE田野乐园立足于“水蜜桃之乡”阳山镇，以“蜜桃猪”的逗趣形象为主题原创IP，打造出独具特色的无动力乐园。

（三）拓展消费场景打造复合生态

无动力乐园作为一种具有引流能力的项目，能够与多种业态进行深度融合，形成多元化的产业生态，为游客打造更加丰富多样的消费体验。无动力乐园与周边文旅项目的跨界融合，不仅满足了家庭游客对一站式高品质体验的需求，也为文旅项目和乐园双方开辟了新的收入增长点，彰显出“无动力乐园+”的多元业态在文旅投资中的独特价值与发展潜力。

近年来，无动力乐园正越来越多地被纳入商业综合体、高端社区、城市新区的整体规划中，成为购物中心、住宅项目、办公园区乃至城市新区的重要配套，以“无动力乐园 + 商业 + 生活方式”的形式，与零售、亲子教育、餐饮、健身、艺术培训等业态形成有机串联，为周边居民提供休闲、社交、教育与娱乐一体化的空间场景，构建出以家庭为核心的“微度假生活圈”，满足了家庭游客对一站式高品质生活体验的需求，也为商业综合体和地产项目带来了更高的人流密度与消费黏性，体现出“无动力乐园 +”在城市商业投资中的协同价值与增长潜力。同时，无动力乐园与传统景区的联合也在持续深化，游客不再满足于观光型体验，而更倾向于互动性、沉浸式的旅游活动。无动力乐园凭借其参与性强、形式灵活的优势，可作为景区配套项目或核心吸引力，丰富景区产品体系，延长游客停留时间。

第七章

京津冀地区主题公园发展分析报告

陈晓彤　梁增贤

京津冀地区凭借其得天独厚的区位优势、深厚的文化底蕴以及强劲的消费辐射力，已经成为中国主题公园产业发展的主要区域。在京津冀协同发展战略的推动下，京津冀地区形成了国际IP与本土文化共融、科技赋能与生态体验并重的主题公园集群，构建起覆盖影视娱乐、历史文化、冰雪戏水等多元业态的文旅矩阵。然而，在快速发展的同时，同质化竞争和IP依赖等问题也逐渐显现。本章立足于京津冀地区主题公园的发展现状，系统地梳理京津冀地区主题公园的历史演进脉络，剖析区域发展特征，并结合区位优势、政策支持与市场潜力，探讨其面临的机遇与挑战，推动京津冀地区主题公园高质量发展。

一、京津冀地区主题公园发展现状

（一）发展现状

作为中国北方重点经济区，京津冀地区主题公园发展迅速。据统计，目前京津冀地区共有 36 个主题公园（含即将开业），其中北京市有 17 个，占比约 47%；河北省有 11 个，占比约 31%；天津市有 8 个，占比约 22%。

从规模分布来看，京津冀地区主题公园数量较多，规模分布也较为全面。北京市拥有特大型主题公园 4 个、大型主题公园 4 个、中小型主题公园 6 个以及规模不足的主题公园 3 个；天津市有大型主题公园 4 个、中小型 4 个；河北省有特大型主题公园 3 个，大型主题公园 3 个，中小型主题公园 5 个。

在地区分布上，北京作为我国的政治和文化中心，主题公园高度集中于通州区、朝阳区、石景山区等区域，这些主题公园依托庞大的客流量和国际化的定位，成为北京文旅产业的重要组成部分。天津则以滨海新区为核心，布局开设海洋类、生态类主题公园，如天津海昌极地海洋公园、方特水上乐园等，兼具港口城市特色与亲子娱乐功能。河北省主题公园分布较为分散，石家庄以省会的经济和人口优势为依托，成为河北省主题公园的重要集聚地，主题公园数量较多，如辛玛王国主题乐园、北国水世界。此外，秦皇岛的乐岛海洋公园等主题公园凭借海滨风光吸引游客，且多以当地文化、自然资源为特色。

从主题公园属性类似度来看，京津冀地区共有核心类主题公园 10 个（北京 4 个，天津 4 个，河北 2 个）；近似类 22 个（北京 10 个，天津 4 个，河北 8 个）；边缘类 4 个（北京 3 个，河北 1 个）。北京和天津作为区域经济中心，分别拥有 4 家核心类主题公园，占总数 80%，体现出两地对核心类主题公园的集聚效应。河北省核心类仅 2 家，显示其在高品质主题公园建设上仍处于追赶阶段。京津冀近似类主题公园总数达 22 家，其中河北占比约 36%（8 家），通过近似类主题公园布局弥补不足，此类主题公园多依托河北自然资源，与京津形成差异化互补。北京的 10 家近似类公园则体现了多元化探索，呼应文旅融合趋势。京津冀地区整体边缘类主题公园较少，仅有 4 家。

京津冀地区凭借首都经济圈的消费辐射效应、千年古都的文化底蕴以及环渤海湾的区位条件，由七大主题公园业态构建起互补共生的文旅生态系统。呈现从国际 IP 本土化到非遗创新传承、从科技场景应用到生态教育融合的多元发展格局，成为研究中国文旅产业现代化转型的典范。

（二）发展特点

1. 多元主题形成互补矩阵

京津冀地区主题公园繁荣发展，呈现出多元互补、融合创新的鲜明特征，形成了一个丰富多彩、满足不同需求的大型游乐场网络。在这个独特的文旅生态系统中，国际 IP 主导型主题公园与本土文化创新型主题公园交相辉映，繁荣共进。以北京环球影城为代表的国际 IP 主导型主题公园，凭借其强大的品牌影响力和丰富多样的影视 IP 资源，吸引了大量国内外游客。哈利·波特的魔法世界的神秘、小黄人乐园的欢乐以及变形金刚基地的刺激，都让游客沉浸其中，流连忘返。

本土文化创新型主题公园则以深厚的地域文化底蕴为根基，通过创新的表现形式和现代科技手段，打造出具有独特魅力的文化体验空间。只有红楼梦·戏剧幻城便是其中的典型，它将经典文学《红楼梦》与沉浸式戏剧、情景美学园林相结合，让游客在游园中感受传统文化的魅力，实现了传统文化的传承与创新。科技沉浸类主题公园与生态科普类主题公园则从不同的角度满足了游客对现代科技和自然生态的认知与体验需求。如北京石景山游乐园的《唐朝诡事录·西行》国潮沉浸剧场，运用数字化技术和创意，将影视 IP 与科技体验相结合，为游客创造了一个充满奇幻与创意的沉浸式体验空间，让游客在虚拟与现实的交融中感受科技与艺术结合的魅力。而生态科普类主题公园如北京野生动物园，以其丰富的动物资源和自然生态环境，为游客提供了一个亲近自然、了解生态的绝佳场所，让人们在观赏动物的同时，增强对生态保护的意识。冰雪戏水类主题公园通过创新的四季运营模式，突破了气候条件的限制，实现了全年无休的运营状态，极大地填补了季节性市场空白。这些主题公园在冬季打造冰雪奇幻世界，让游客尽情享受冰雪运动的乐趣；在夏季则转变为戏水乐园，提供各种水上娱乐项目，为游客带来清凉与欢乐，不仅提高了主题公园的利用率和经济效益，也为游客提供了更多选择和便利。

京津冀地区的主题公园在发展过程中，积极拥抱“传统＋科技”“国际＋本土”的融合创新理念，实现了从单一娱乐功能向文化、教育、生态等多功能的拓展与升级。它们将传统文化与现代科技相结合，让古老的文化在新时代焕发出新的活力；将国际 IP 与本土文化相融合，创造出既有国际视野又具地方特色的独特体验。这种融合创新不仅提升了主题公园的品质和吸引力，也为整个文旅产业的发展注入了新的动力和活力，使其成为推动区域经济发展和文化交流的重要力量。

2. 技术重构体验边界

在京津冀地区，技术的应用成为主题公园发展的关键驱动力。北京环球影城运用

VR 技术打造的禁忌之旅等项目，使游客沉浸于奇幻场景，深度参与故事，显著提升了游客满意度与重游率。天津泰达航母主题公园引入无人机焰火秀和实景表演，增强了互动性，让游客在真实场景中与演员互动，近距离观赏表演，加深了对航母文化的理解，延长了停留时间，提高了公园影响力。北京野生动物园采用无视觉障碍设计，打破传统动物园的视觉限制，让游客近距离观察动物，仿佛置身自然栖息地，通过创新重构了生态游览模式，提升了游客满意度与忠诚度，吸引了更多游客。这些案例表明，无论是沉浸式体验、互动性强化还是生态游览模式创新，都在极大程度上丰富了游客体验，推动了主题公园向更高质量发展，成为地区文旅产业的重要亮点。

3. 城市更新改造升级

在京津冀城市更新浪潮中，主题公园发展正呈现出“存量活化 + 业态重构”的新趋势。以泡泡玛特改造北京龙潭中湖公园为范本，老旧公园通过“微改造 + 强 IP 植入”实现功能跃迁——原 1984 年建成的北京游乐园旧园区，在保留原生植被与摩天轮等记忆符号的基础上，注入 DIMOO、MOLLY 等自有潮玩 IP 形象，打造出集沉浸式剧本游、艺术展览、主题零售于一身的城市乐园。这种“轻资产介入 + 场景再造”的模式，不仅丰富了城市公共文化空间，还通过展示和体验独特的 IP 内容，激发了游客对文化元素的兴趣，加深了游客的文化认同感。同时，主题公园的建设通常伴随着周边环境的改造和交通设施的升级，这些改进不仅满足了游客的需求，也间接促进了城市基础设施的更新和升级，为城市创造了更多的就业机会和经济效益。

（三）主题类型

京津冀地区主题公园类型丰富，全部八大类型中，除综合团组类均有分布，可满足游客多样化的消费需求。

1. 影视娱乐类——国际 IP 本土化运营的创新突破

北京环球影城作为亚太地区规模最大的影视主题公园，凭借哈利·波特的魔法世界、变形金刚基地等标志性场景，日均接待量突破 3 万人次。北京环球影城不仅高度还原经典电影场景，更深度嫁接本土文化元素。2025 年春节首创的环球中国年活动，将中国传统艺术元素进行更现代化的演绎和表达。演出融入了舞龙、舞狮、水袖、鼓乐、杂技等丰富的中国传统艺术形式，还打造了四首基于环球影城 IP 故事打磨的原创曲目——《响彻云霄战年兽》《红红火火朱利安国王》《火树银花辞旧岁》《欢乐环球迎新春》，结合了中国人对新春的共同美好期盼，传递快乐、红火与力量，实现国际 IP 本地化表达的创新突破。

2. 生态复合类——人与自然交互的体验重构

北京野生动物园作为京津冀地区生态复合类主题公园的典型代表，通过创新展示方法和互动形式，重塑人与自然的新型互动关系。园区以无视觉障碍的展示理念，突破传统笼舍限制，采用开放式散养和物种混养模式，打造沉浸式游览环境。园区还全新打造了小熊猫主题展区，游客可置身于模拟的自然环境中，与小熊猫零距离互动，感受其自然行为。并通过在自驾游览区还原野生动物的野外栖息环境，让游客在游览过程中即可观察动物的自然生活状态。这种体验不仅提高了游客对生态系统的认知水平，也促进了人与自然的和谐共生，彰显生态复合类主题公园在人与自然交互体验重构中的科学实践与创新示范价值。

3. 历史文化类——非遗活化的创新实验场

唐山皮影主题乐园以“让非遗会说话”为理念，对非遗进行创新性发展。园区内设皮影剧场、皮影旋转木马、魔幻森林等含有皮影元素的项目，游客可参与从牛皮雕刻到剧目编演的全流程。乐园还开设了皮影兔主题 IP、冰雪欢乐季等创新性活动，将优秀传统文化内容与现代娱乐形式相结合，吸引不同年龄段的游客。在 2025 年冰雪欢乐季期间，乐园推出皮影巨人雪坡、勇者之坡、跳跳云等冰雪项目，让游客在冬季也能沉浸于非遗体验的魅力。这种“传统 DNA+ 现代形式”的改造模式，不仅让皮影戏这一古老艺术焕发出新的活力，更为文化遗产的活化提供了新思路。

4. 游乐园类——刺激娱乐的年轻化表达

北京欢乐谷与天津欢乐谷形成双城联动格局。前者以水晶神翼、极速飞车等十大过山车项目刺激游客肾上腺素分泌。园区不仅在游乐设施上吸引年轻游客，还通过举办惊奇潮玩节等主题活动，结合沉浸式演艺、互动体验和特色美食，进一步强化年轻化定位。天津欢乐谷则凭借玛雅水公园与电音节的组合拳，单日最高客流屡创新高。园区通过强化夜经济布局，推出冰雪节、烟花秀、民俗表演等特色活动，凸显年轻客群的消费活力。

两大园区通过差异化定位实现了客群分流。北京欢乐谷依托过山车集群与都市文化主题活动，吸引以大学生、年轻白领为主的硬核玩家群体，其推出的机甲巡游、赛博朋克主题街区等创新场景深度契合“Z 世代”的社交娱乐需求。天津欢乐谷则是凭借华北地区规模最大的室内恒温水公园及全年不间断的电音派对，成功塑造“全季休闲度假”概念，既吸引家庭亲子客群在冬季体验温泉嬉水，又通过跨年夜倒计时、国风电音嘉年华等活动锁定 18~30 岁的夜游消费主力。两大园区在京津冀文旅市场形成协同效应，避免同质化竞争。

5. 冰雪戏水类——挖掘气候经济的时间价值

天津方特水上乐园提出了“四季不歇业”运营策略，根据不同季节打造特色活动。夏季以万人造浪池和水上电音派对为主打项目，吸引大量游客前来畅享水上狂欢；冬季则转型为冰雪嘉年华，引入芬兰极地雪屋、冰雕灯光秀等项目，营造出梦幻般的冰雪世界。熊出没山谷变身为雪岭山谷，造雪面积达万余平方米，为游客带来沉浸式的冰雪体验。乐园还通过室内高科技项目的“白＋黑”畅玩模式，确保游客在寒冷的冬季也能享受不间断的欢乐。这种基于地域气候特征的创新，不仅丰富了游客的体验，更为北方文旅项目破解季节性困局提供了新的思路。

6. 影视基地类——产业协同的共生模式探索

怀柔中影基地作为中国电影工业摇篮，诞生了多部优质影片。在这里，游客既可参观电影《捉妖记》等大片的实景片场，也能在数字制作棚区体验声音制作、画面剪辑、特效制作、数字中间片制作的一站式服务。这种模式不仅让游客深入了解电影制作的全过程，还通过影视与旅游的深度融合，带动了周边文化产业的发展。基地内还设有影视道具馆、老爷车博物馆等特色景点，进一步丰富了游客的体验。

7. 单体海洋馆——垂直领域的价值深耕

北京海洋馆通过多元化的运营模式实现深度发展。馆内设有七大主题展区，如雨林奇观、风情海滩、鲸豚湾等，集观赏、科普、娱乐于一身。近年来，北京海洋馆不断拓展科普教育功能，提出“陶怡大众、教益学生、维系生态”的宗旨，举办文化展、科普讲座等活动。海洋馆还通过自主出版科普读物、与出版社合作提供海洋科普图书等方式，提升科普影响力。这种以科普为核心，结合娱乐与教育的模式，不仅丰富了游客体验，也为海洋馆在垂直领域创造了新的增长点，展现了精细化运营的商业潜力。

二、京津冀地区主题公园的发展历程

京津冀地区主题公园的演进历程，可分为四个阶段：萌芽探索期、规模扩张期、品牌升级期以及高质量发展期，每个阶段都承载着独特的时代印记与行业特征，从最初的简单尝试到如今的多元创新，这一过程不仅反映了该地区主题公园产业的逐步成熟，也映射出整个文旅行业不断进步的轨迹。

（一）萌芽探索期（1986—2000 年）

京津冀地区主题公园以本土化创新开启发展道路。北京石景山游乐园作为先行者，将传统游艺设施进行系统化整合，标志着京津冀地区主题公园的起步。随后，世界公园通过微缩景观实现国际文化的可视化呈现，中华民族园以民族文化弘扬为核心特色，富国海底世界则通过海洋生物科普形成独特亮点，三者共同拓展了京津冀地区主题公园的多元化类型体系。这一阶段的发展动力源自改革开放释放的我国居民的消费潜力，地方政府将主题公园作为城市现代化建设的文化地标，在借鉴国际经验的基础上探索本土化表达路径。

（二）规模扩张期（2001—2010 年）

城市化进程与奥运经济共同驱动京津冀主题公园行业爆发式增长。北京海洋馆通过生物保育与科普教育融合重塑海洋主题内涵，2006 年欢乐谷以过山车等大型器械在北京占据一席之地，2008 年怀柔影视基地开创实景娱乐新模式，至 2010 年天津海昌极地海洋公园落地。此阶段主题公园已超越单纯娱乐功能，成为城市休闲配套的重要组成部分。

（三）品牌升级期（2011—2018 年）

该时期京津冀地区主题公园呈现国际化与本土化共进的特征。天津滨海航母主题公园将军工遗产转化为沉浸式体验空间，方特欢乐世界引入熊出没等本土 IP 构建内容生态，乐多港奇幻乐园运用全息投影技术突破传统游乐边界。唐山皮影主题乐园通过非遗活化，开创传统文化现代表达范式。

（四）高质量发展期（2019 年后）

2019 年以后，京津冀地区主题公园进入高质量发展阶段，国际顶级 IP 加速了本土化进程。北京环球影城作为标志性项目，凭借哈利·波特等主题区域高达 90% 的场景还原度，开业首年即吸引 1380 万人次客流，验证了国际 IP 的市场号召力。与此同时，细分市场呈现差异化发展态势：乐高探索中心深耕亲子教育领域，吉姆冒险世界则聚焦户外探险垂直赛道，形成多元业态互补格局。在此过程中，京津冀文旅协同机制发挥显著作用。同程旅行 2024 年 4—5 月数据显示，区域客源互送特征明显：北京的客源 49.9% 来自津冀（河北 40%、天津 9.9%），天津的客源 61.5% 来自京冀（北京 28.7%、河北 32.8%），河北的客源 40.2% 来自京津（北京 29.9%、天津 10.3%），三地已构建起紧密的客源循环网络。目前，行业呈现三大升级趋势：一是高端化体验需求驱动项目品质提升；二是数字化技术加速沉浸式场景创新；三是 IP 化运营成为核心竞争力。这种转型升级既顺应了消费市场的结构性变化，也为区域文旅协同发展注入了新动能。

纵观京津冀地区主题公园 40 年来的发展脉络，历经从政策驱动到市场主导、从硬件比拼到 IP 竞争、从规模扩张到质量创新的转变。每个阶段的跃迁都伴随着经济水平提升、消费需求迭代、技术应用革新的三重驱动，最终形成国际品牌与本土原创共融、硬件设施与内容运营并重的产业生态。

三、京津冀地区主题公园发展优势与挑战

（一）发展优势

1. 区位优势明显

京津冀地区位于我国华北平原北部，涵盖北京、天津和河北，地理位置优越。北京作为全国的政治和文化中心，拥有丰富的旅游资源和强大的旅游吸引力；天津作为北方重要的港口城市和工业基地，散发着独特的城市魅力，拥有鲜明的旅游特色；河北凭借丰富的自然资源和历史文化底蕴吸引着大量游客。这种得天独厚的区位优势使得京津冀地区的主题公园能够吸引来自全国各地的游客，为主题公园的发展提供了广阔的市场空间。

2. 交通便利通达

京津冀地区的交通网络发达，拥有完善的公路、铁路、航空等交通基础设施。北京首都国际机场、大兴国际机场和天津滨海国际机场作为北方重要的航空枢纽，能够方便地连接国内外各大城市；京沪、京广、京哈等铁路干线贯穿该地区，使得游客可以便捷地到达京津冀地区的各个城市。随着京津冀协同发展战略的深入推进，该地区的交通一体化进程不断加快，进一步提升了交通的便利性和通达性，为主题公园的发展提供了有力的交通保障。

3. 文化资源丰富

京津冀地区历史文化底蕴深厚，拥有众多的历史文化遗产和人文景观。北京的故宫、长城、颐和园等世界文化遗产举世闻名，天津的五大道、古文化街等特色街区别具一格，河北的清东陵、李大钊故居等旅游资源意义非凡，都为主题公园的发展提供了丰富的文化素材。主题公园可以充分挖掘和利用这些文化资源，打造具有地方特色与文化内涵的项目，提升公园的文化吸引力和竞争力。

4. 政策有力支持

京津冀地区的主题公园发展得到了政府的高度重视和大力支持。政府相继出台了一系列政策措施，鼓励和引导主题公园的建设和发展。例如，北京市政府提出了建设世界城市的目标，将旅游业作为重点发展的产业之一，加大对旅游基础设施和旅游项目的投入；天津市政府出台了《天津市“十四五”时期推进旅游业高质量发展行动方案》，将深入挖掘整合文化和旅游资源，推动旅游业与相关产业融合发展，投资 492 亿

元，用于旅游业发展；河北省政府也积极推动唐山等城市的主题公园建设，为主题公园的发展提供了良好的政策环境。

5. 市场辐射范围广

京津冀地区作为我国重点城市群，其主题公园市场展现出超强的市场辐射能力，三地常住人口超 1 亿人，人均可支配收入在 3 万 ~9 万元（2023 年）。北京作为全国政治文化中心和国际交往中心，面向国际国内双市场：国际旅游方面，2024 年接待入境游客人数 394.2 万人次，位居中国入境游热门目的地首位；国内旅游方面，接待人数 36758.7 万人次，形成覆盖全国的客源网络。借助首都国际机场通航 90 个国家和地区的优势，北京已成为亚太地区重要的旅游中转枢纽。天津作为北方航运中心，2024 年 1 月至 11 月共接待国内游客 24588.61 万人次，同比增长 12%。河北依托工业旅游特色，2023 年接待游客 80600 万人次，反映出市场辐射半径的持续扩大。三地通过空铁联运体系，形成 2 小时交通圈内覆盖 2 亿人口、3 小时圈辐射全国半数以上省会城市的市场格局。这种梯次化的市场结构，使京津冀地区既能承接国际游客的中国首站需求，又可满足全国游客的深度体验需要，构建起从区域市场到全球市场的完整辐射体系。

（二）发展挑战

1. 高度集中于中心城市

主题公园高度集中在北京，而天津、唐山等周边人口众多且消费力较强城市的主题公园布局较少，发展相对滞后于城市经济。北京郊区的文旅资源开发也面临着困境。像延庆、平谷等地，虽然拥有丰富的自然景观和独特的民俗文化，但开发进度缓慢，过度依赖核心城区的文旅项目来带动客流量。这种发展模式不仅限制了郊区文旅产业的自主发展能力，也造成了资源的错配。郊区的文旅资源未能得到充分挖掘与利用，而核心城区的文旅项目则面临游客过度集中、承载压力过大的问题。

2. 同质化竞争与创新瓶颈

在文旅产业的细分领域中，同质化竞争现象普遍存在，制约了产业的创新发展。部分主题公园产品更新缓慢，依赖传统的过山车等刺激项目吸引游客，导致游客黏性下降。冰雪戏水类与生态复合类冬季活动也面临着趋同的问题。人工造雪、冰雕等项目在活动形式与内容设计上，都缺乏足够的创新性。不同地区的冰雪戏水项目和生态复合类冬季活动，在游客眼中大同小异，难以形成鲜明的特色和品牌。这种趋同现象使得游客在选择时往往更多地考虑价格因素，而忽视了项目的品质和内涵。对于文旅企业而言，缺乏创新就意味着难以提升项目的附加值，难以在激烈的市场竞争中脱颖而出，进而陷入同质化竞争的恶性循环，严重阻碍了产业的升级与转型。

3. 外部 IP 依赖与内在原创力不足

在主题公园产业中，IP 的重要性不言而喻，然而区域却面临着严重的外部 IP 依赖与原创力短板问题。影视娱乐类项目高度依赖环球影城等国际知名 IP，这些国际 IP 确实在全球范围内拥有广泛的知名度和庞大的粉丝群体，能够为项目带来一定的客流量，但过度依赖国际 IP 使得本土文旅产业在 IP 创作与培育上缺乏动力和投入。本土原创 IP 市场认知度低，难以与国际 IP 形成有效竞争，限制了本土主题公园产业的文化传播力和影响力。单体海洋馆也面临着类似的问题，虽然其科普功能强大，能够为游客提供丰富的海洋知识，但在娱乐性方面相对较弱。游客在参观完海洋生物展后，往往停留时间较短，缺乏深度体验和互动项目。这主要是因为海洋馆在 IP 创作与运用上存在不足，未能打造出具有吸引力的海洋主题 IP，无法将科普与娱乐有机结合，导致游客的参与度和满意度不高。

4. 季节性成本与客源波动

文旅产业的季节性特征十分明显，这给企业带来了诸多挑战。以冰雪类项目为例，在冬季受自然条件的限制，往往需要依赖人工造雪来维持项目的正常运营。而人工造雪的成本相对较高，包括设备购置、维护以及能源消耗等方面，这使得冰雪类项目的运营成本在冬季大幅增加，高昂的运营成本给企业带来了巨大的经济压力，如果游客数量不能达到预期，企业很容易陷入亏损的困境。客源波动问题也困扰着文旅产业。以北京环球影城为例，节假日往往出现超负荷运营的情况，单日游客量可超过 5 万人次，游客的体验感大打折扣。这种巨大的客源波动使得企业在人力资源配置、设施设备利用等方面面临诸多难题。在节假日，企业需要投入大量的人力、物力来应对游客高峰。而在平日，却面临着设施闲置、员工闲置等问题，导致企业运营效率低下，成本难以有效控制。季节性成本与客源波动问题，不仅影响了文旅企业的经济效益，也对游客的体验和满意度产生了负面影响，亟待寻求有效的解决方案。

5. 上下游产业链延伸不足

产业链延伸对于提升产业附加值和竞争力具有重要意义，但目前许多主题公园在产业链延伸方面存在明显不足。以怀柔影视基地为例，其主要从事影视后期制作，在产业链中主要位于中游位置。具体而言，示范区内电影制作、发行、院线、影院等核心企业，仅关联了内外景租赁、器材租赁、经纪公司、生活服务等企业，欠缺真正处于价值链高端的创意投资、院线经营、衍生品开发等企业，导致行业发展基础脆弱，产业结构实际高端化不足（吕知遥，2019）。怀柔影视基地的文旅产业未能形成完整的闭环，游客在消费过程中缺乏连贯性和深度体验，不利于产业的整体发展和品牌建设。

四、京津冀地区主题公园发展建议

（一）满足差异化市场需求

京津冀地区主题公园需充分利用国家对外免签政策红利，强化特色 IP 对国际游客的吸引力。例如，北京环球影城依托国际影视 IP 的全球影响力，唐山皮影乐园与只有红楼梦·戏剧幻城深耕本土文化 IP，形成“国际 + 本土”的双向引力。同时，现有主题公园要加快产品更新迭代，应用最新的娱乐科技和机器人互动项目，增加中华文化元素，重塑核心吸引力。需重视本地需求，优化中小型公园布局，如通州、石景山等区域的社区型主题乐园应聚焦亲子互动与轻娱乐，通过节庆活动、定制化服务增强本地客群黏性，形成“国际引流、全国辐射、本地深耕”的市场格局。

（二）构建梯度化产品体系

当前京津冀地区主题公园规模分布以特大型与大型为主（占比超 60%），中小型及不足规模项目存在结构性缺口。对于同质化严重的游乐园类项目需谨慎新增同类投资，转而推动存量项目升级，例如引入 AI 互动、全息投影技术提升过山车项目的科技附加值。同时，需强化“核心 + 边缘”业态联动，构建从大型综合乐园到垂直主题微景区的多层次产品网络。从主体类型来看，京津冀地区存在综合团组类主题公园缺口。综合团组类主题公园是以若干主题公园、商业设施形成的综合旅游目的地，其中主题公园在文旅体验中占主导作用，有明确的主题体验特征。未来，京津冀地区可以考虑结合本地特色资源，如北京的科技文化资源、天津的港口资源和河北的非遗文化等，打造具有区域特色的综合团组类主题公园，以满足市场需求，填补这一细分领域的空白。

（三）区域协同一体化

以交通一体化为抓手，推动三地文旅资源深度整合。例如，试点京津冀文旅直通车专线，并配套跨市交通补贴政策。在产业布局上，北京应发挥科技与资本优势，主导 IP 研发与数字化运营；天津利用港口与工业遗产资源，发展海洋主题与工业文旅项目；河北则聚焦生态与非遗资源，打造低成本、高文化附加值的差异化产品。此外，需破解区域失衡问题：支持唐山开发工业遗产主题公园，与北京环球影城形成“现代娱乐 + 历史体验”的互补；延庆、平谷等郊区可依托生态资源建设冰雪小镇或森林探险营地，分流核心区客流压力。

（四）开发冰雪体育新乐园

紧抓后冬奥时代机遇，推动“冰雪＋文旅”深度融合。借鉴天津方特水上乐园四季运营经验，开发中小型冰雪主题产品：如北京延庆可依托冬奥场馆打造冰雪运动培训基地，引入VR滑雪模拟器、冰壶体验馆等科技项目；河北张家口可挖掘皇家冰嬉文化，推出《甄嬛传》IP联名冰雕展演；天津则可通过海河冰上嘉年华，融合港口文化与冰雪娱乐。政策层面，需对接《冰雪运动发展规划（2016—2025）》等文件，设立专项基金支持中小型冰雪乐园建设，鼓励民营资本参与运营。同时，探索“冰雪＋赛事”模式，如举办京津冀青少年冰球联赛，将观赛与旅游结合，延长产业链价值，实现从季节性爆点到全年化运营的转型。

五、结语

京津冀地区主题公园产业在区域经济协同发展与文化资源深度挖掘的双重驱动下，形成了以北京为核心、天津与河北为两翼的差异化发展格局，其类型涵盖影视娱乐、历史文化、冰雪戏水、生态复合等多种业态，展现出从国际IP赋能到非遗活化的多元发展路径。然而，产业在快速发展的同时，也面临着区域发展失衡、同质化竞争、IP依赖、季节性成本与客源波动以及产业链延伸不足等挑战。展望未来，这片充满活力的区域需紧紧依托自身优势，全方位发力，积极构建梯度化产品体系以满足多样需求，精心优化交通微循环提升游客体验，深度挖掘数据价值赋能精准运营，持续强化区域协同实现均衡布局。唯有如此，才能在激烈的市场竞争中立足，为区域经济增长注入新动力，让具有地方特色与文化内涵的主题公园项目成为地区的亮点，推动中国特色主题公园产业迈向新高度（表7-1）。

表7-1　京津冀主题公园一览表

省/直辖市	城市	主题公园名称	开业年份	规模等级	核心类型	属性近似度
北京市	北京市	石景山游乐园	1986	Ⅲ.中小型	游乐园类	Ⅱ.近似类
		世界公园	1993	Ⅱ.大型	历史文化类	Ⅱ.近似类
		中华民族园	1994	Ⅲ.中小型	历史文化类	Ⅱ.近似类

续表

省 / 直辖市	城市	主题公园名称	开业年份	规模等级	核心类型	属性近似度
北京市	北京市	富国海底世界	1997	Ⅳ.规模不足	单体海洋馆	Ⅱ.近似类
		北京八达岭野生动物世界	1998	Ⅰ.特大型	生态复合类	Ⅱ.近似类
		北京海洋馆	1999	Ⅲ.中小型	单体海洋馆	Ⅱ.近似类
		北京野生动物园	2001	Ⅰ.特大型	生态复合类	Ⅱ.近似类
		北京欢乐谷	2006	Ⅱ.大型	游乐园类	Ⅰ.核心类
		中国（怀柔）影视基地	2008	Ⅰ.特大型	影视基地类	Ⅲ.边缘类
		欢乐水魔方	2010	Ⅲ.中小型	冰雪戏水类	Ⅱ.近似类
		北京盛世南宫影视文化城	2012	Ⅲ.中小型	影视基地类	Ⅲ.边缘类
		顺义虎乐园	2012	Ⅳ.规模不足	生态复合类	Ⅲ.边缘类
		北京昌平乐多港奇幻主题乐园	2016	Ⅱ.大型	游乐园类	Ⅱ.近似类
		北京乐高探索中心	2019	Ⅳ.规模不足	游乐园类	Ⅱ.近似类
		北京环球影城	2021	Ⅰ.特大型	影视娱乐类	Ⅰ.核心类
		泡泡玛特城市乐园	2023	Ⅲ.中小型	影视娱乐类	Ⅰ.核心类
		北京海昌海洋公园	未开业	Ⅱ.大型	生态复合类	Ⅰ.核心类
河北省	秦皇岛市	秦皇岛乐岛海洋公园	2004	Ⅲ.中小型	生态复合类	Ⅱ.近似类
	廊坊市	香河国华影视基地	2007	Ⅰ.特大型	影视基地类	Ⅲ.边缘类
	承德市	承德鼎盛王朝文化产业园	2011	Ⅱ.大型	历史文化类	Ⅱ.近似类
	石家庄市	辛玛王国主题游乐园	2014	Ⅲ.中小型	游乐园类	Ⅱ.近似类
	秦皇岛市	秦皇岛圣蓝海洋公园	2015	Ⅱ.大型	生态复合类	Ⅱ.近似类
	保定市	保定绿溪谷主题游乐园	2016	Ⅱ.大型	游乐园类	Ⅱ.近似类
	承德市	花溪城水世界	2017	Ⅲ.中小型	生态复合类	Ⅱ.近似类
	唐山市	中国唐山皮影主题乐园	2018	Ⅲ.中小型	历史文化类	Ⅱ.近似类
	石家庄市	北国水世界	2018	Ⅲ.中小型	冰雪戏水类	Ⅱ.近似类
	邯郸市	邯郸方特国色春秋	2019	Ⅰ.特大型	历史文化类	Ⅰ.核心类
	廊坊市	只有红楼梦·戏剧幻城	2023	Ⅰ.特大型	影视娱乐类	Ⅰ.核心类
天津市	天津市	天津海昌极地海洋公园	2010	Ⅱ.大型	单体海洋馆	Ⅰ.核心类
		天津滨海航母主题公园	2011	Ⅲ.中小型	历史文化类	Ⅱ.近似类
		天津欢乐谷	2013	Ⅱ.大型	游乐园类	Ⅰ.核心类
		米立方水世界	2013	Ⅲ.中小型	冰雪戏水类	Ⅱ.近似类
		天津方特欢乐世界	2014	Ⅱ.大型	游乐园类	Ⅰ.核心类
		玛雅海滩水公园	2018	Ⅲ.中小型	冰雪戏水类	Ⅱ.近似类
		吉姆冒险世界	2019	Ⅱ.大型	游乐园类	Ⅰ.核心类
		天津方特水上乐园	2021	Ⅲ.中小型	冰雪戏水类	Ⅱ.近似类

第八章

长三角地区主题公园发展分析报告

陈晓彤　梁增贤

长三角地区（上海市、安徽省、浙江省、江苏省）作为中国经济增长的重要动力和文旅融合创新高地，主题公园行业蓬勃发展。依托区域经济的高质量发展，主题公园产业已经成为区域经济与文化旅游业高质量发展的重要推手。长三角区域内主题公园数量众多且分布广泛，形成了密集的区域网络，涵盖了从特大型到中小型的各种规模。然而，该地区主题公园面临着同质化、盈利模式单一以及区域发展不均衡等挑战，需要通过差异化定位、品牌培育、轻资产运营、文化与数字技术融合等策略来实现可持续发展。本章深入分析了长三角地区主题公园的现状、发展历程、区域发展特点，探讨了其在发展过程中所面临的发展机遇与挑战，并在此基础上提出了未来发展的建议，旨在为长三角地区主题公园的可持续发展提供参考与借鉴。

一、长三角地区主题公园发展现状

长三角地区（安徽省、浙江省、江苏省、上海市）已开业及规划中的主题公园总数为 91 个（表 8-1）。较早开业的无锡三国影视城，于 1987 年正式投入运营，该主题公园以影视基地为核心，开启了长三角文旅融合的早期探索。最新开业的项目集中于 2024 年，包括浙江省湖州市的太湖龙之梦乐园、宁波市的宁波熊出没欢乐港湾以及江苏省徐州市的徐州方特水上乐园，进一步丰富了区域主题公园的多样性。2025 年新开业的上海乐高乐园度假区（影视娱乐类）备受关注，其规模等级为大型。此外，上海迪士尼乐园官宣了新一轮扩建与发展，项目包含 6 个建筑单体和场地景观开发工作，工程总投资高达 24.59 亿元。当前，长三角主题公园行业正通过差异化定位与新兴业态融合的策略，推动区域文旅产业迈向高质量发展。

（一）发展现状

从覆盖范围来看，长三角地区主题公园分布广泛，形成了一个密集的区域网络。江苏省以 34 个的数量位居首位，占比约 37%；浙江省 30 个，占比约 33%；安徽省有 17 个，占比约 19%；上海市 10 个，占比约 11%。从主题公园具体位置分布来看，整体上长三角地区主题公园数量多且分布广泛，几乎所有地级市都有主题公园分布。其中，上海、苏州、南京等城市主题公园分布更为密集，其他城市则较为稀疏。主题公园的分布以上海为极点，杭州、南京为次极点，向周边地区扩散，整体呈现出东部、中部密集，其他区域稀疏的格局。

长三角地区形成了完整的主题公园规模体系。特大型主题公园有 23 个，占比约 25%，通过高投资、强辐射能力，带动周边酒店、商业、交通等产业链发展，形成区域经济协同效应；大型主题公园 29 个，占比约 32%，是长三角地区主题公园发展的中坚力量，通过差异化主题填补区域市场空白，与特大型项目形成互补；中小型主题公园 36 个，占比约 40%，聚焦于细分市场，依托特色定位，满足区域化、家庭化消费需求，是长三角文旅产业的重要组成部分；规模不足的主题公园 3 个，占比约 3%。

从主题化程度来看，91 个主题公园中，核心类主题公园占比约 32%（29 个），主要分布于经济发达城市，其中江苏以 11 个位居首位，浙江（8 个）、上海（6 个）紧随其后，安徽（4 个）尚处培育阶段；近似类主题公园占据主导地位，占比约 60%（55 个），其中江苏（20 个）、浙江（20 个）依托文旅资源优势和消费市场活力形成规模效应，安徽（12 个）通过文旅融合加速布局，上海（3 家）因土地资源限制增量较少；边缘类主题公园仅占约 8%（7 个），多分布于二、三线城市。整体而言，长三角已形成以核心类主题公园为标杆、近似类为主体、边缘类为补充的产业体系，江苏、浙江凭借经济实力和文旅基础形成重要驱动力，上海受空间资源限制朝精品化国际化方向发展，安徽则处于追赶提升阶段，亟须通过差异化定位强化竞争优势。

（二）发展特点

1. 高密度分布与持续扩张

在长三角地区，主题公园的建设正呈现出蓬勃发展、持续扩张的繁荣景象。长三角每万平方公里的土地上，主题公园的密度高达 0.59 个，是中国主题公园最密集的区域。上海迪士尼乐园、南京欢乐谷、杭州宋城等园区，每年吸引着数以千万计的游客前来体验。

尽管主题公园数量众多，但长三角地区对于大型主题公园，尤其是世界级主题公园的渴望依然强烈。各地政府积极推动新项目落地，以进一步提升区域文旅产业的竞争力。例如，杭州不仅与多个世界级主题公园项目进行接洽，还明确将“谋划打造世界级旅游乐园”写入了 2023 年的市政府工作报告，希望通过引入迪士尼、环球影城等国际知名 IP，打造具有全球影响力的主题公园集群。合肥、常州等地也不甘落后，纷纷通过大型项目强化文旅产业布局。合肥早在 2021 年就提出目标，力争推动国际欢乐城等项目取得明显进展，而常州则以“东方侏罗纪”等项目为抓手，致力于打造具有地方特色的文旅品牌。

2. 溢出效应显著

在长三角地区，主题公园不仅是娱乐的代名词，更是推动城市经济发展的重要力量。这些大型项目通过其强大的吸引力和影响力，带动了周边产业的发展，创造了大量就业机会，并推动了城市经济的多元化和高质量发展。以上海迪士尼乐园为例，自 2016 年开园以来，周边 3 公里范围内酒店预订量增长了近五成，间接创造了超过 6 万个就业岗位。同时，迪士尼的落地还推动了 IP 授权、设备制造等相关产业链的发展。根据《上海迪士尼项目对经济社会发展带动效应评估》报告，迪士尼不仅显著影响了上海本地旅游业，还对国内主题乐园行业、工程建设行业、文化产业及服务业产生了积极的拉动效应。常州恐龙园则展示了另一种发展模式，从一个单一的恐龙博物馆起步，经过 25 年的持续开发运营，如今已成为国家 5A 级旅游景区。常州通过与“恐龙 IP”的深度绑定，成功打造了一个具有地方特色的文旅产业集群。这种从无到有、从单一到多元的转变，不仅提升了城市的旅游吸引力，还带动了周边餐饮、住宿、交通等服务业的繁荣。

3. 二线市场潜力释放

随着一线城市主题公园市场的逐渐饱和，长三角地区的主题公园正加速向二、三线城市下沉。这一趋势不仅满足了当地居民和游客对娱乐休闲的需求，也为二、三线城市带来了新的经济增长点。华强方特作为国内主题公园的领军企业之一，正在积极布局二、三线城市。在台州和淮安等地，华强方特新建了狂野大陆和东方欲晓等主题乐园，每个项目的投资均超过 30 亿元。台州方特·狂野大陆综合运用了 AR、VR、球幕、巨幕等高科技手段，以方特原创经典《熊出没》系列、全新推出的国漫巨作《俑之城》以及从海外引进的《奇迹少女》等国内外优秀动漫 IP 为核心，为游客提供了全新的沉浸式多元化文旅娱乐体验。而淮安方特东方欲晓则以红色文化为主题，通过高科技互动项目和特色街景演艺，为游客带来了独特的红色旅游新体验。

海昌海洋公园也在积极布局二、三线城市，通过中小型项目填补区域市场空白。例如，海昌海洋公园计划在盐城等城市推进海昌海洋（探索）馆项目的改造升级、产品开发、咨询管理及运营管理。这种布局趋势依托较低的土地成本和地方消费潜力，使得企业能够在控制成本的同时，最大化地利用当地的资源和市场。随着长三角地区主题公园向二、三线城市的下沉，这些城市将迎来更多的发展机遇，同时也为游客提供更加丰富多样的娱乐休闲选择。

4. 聚集效应明显

长三角地区主题公园的发展经历了从离散到集聚的显著演变过程。2000 年以前，该区域的主题公园数量有限且分布零散，主要在上海、杭州、南京等城市呈现点状布局。至 2010 年，主题公园的空间分布开始显现出弱集聚特征，逐渐形成了以中东部为核心的增长区，趋势日益明显。现阶段，长三角主题公园呈现出明显的“中东部密集，四周多组团”分布格局，核心区不断向周边扩散。高密度分布区域迅速扩大，形成了大规模连片集聚的核心区，尤其以上海及苏锡常地区最为突出。次一级的集聚中心则分布在杭州西部、宁波沿海以及南京、镇江、常州三市交界地带。

按照规模等级分类，中小型主题公园由于受到投资额度和占地面积的限制，在长三角地区的覆盖范围最广，主要集中在以上海为中心的大都市圈和南京都市圈附近。大型主题公园的分布更加集中，大致以苏州、无锡为中心向外辐射。特大型主题公园数量最少。随着长三角一体化进程的加速推进，主题公园分布将更加广泛与进一步集聚，实现规模效应，加速主题公园的发展。

（三）主题类型

长三角地区主题公园行业通过“游乐园 + 生态 + 影视娱乐”核心格局，辅以细分市场的多元补充，以差异化定位与创新融合，持续引领全国文旅产业高质量发展。经过多年发展，长三角地区主题公园行业已形成类型多元、特色鲜明的产业格局，涵盖了八种统计类型的主题公园。

长三角地区的主题公园以游乐园类、生态复合类和影视娱乐类为主。以上海欢乐谷、芜湖方特为代表，满足年轻客群与亲子家庭的消费需求的游乐园类有 22 个，占比约 24%；以上海海昌主题公园为代表，依托自然景观和生态保护，满足城市游客休闲娱乐需求的生态复合类有 17 家，占比约 19%；以上海迪士尼乐园和横店影视城为代表，影视 IP 和沉浸式体验为核心的影视娱乐类有 15 个，占比约 16%。除上述三类外，其他五种类型均有少量分布，作为市场细分与主题特色补充。影视基地类，占比约 10%，通过场景租赁与游客体验，形成“拍摄 + 旅游”的复合收益模式，以无锡三国影视城、象山影视城为代表；冰雪戏水类占比约 9%，由季节性需求驱动，填补市场空白，以芜湖方特水上乐园、徐州方特水上乐园为代表；历史文化类占比约 9%，通过实景演艺开发活化历史场景，以杭州宋城、宁波方特东方神画为代表；单体海洋馆，占比约 7%，依靠生物展示与科普教育锁定亲子客群，以南京海底世界为代表；综合团组类，占比约 6%，如太湖龙之梦乐园，瞄准高端全域旅游市场，投资 251 亿元，整合酒店、演艺、动物世界等业态。

二、长三角地区主题公园的发展历程

长三角主题公园行业在短短几十年间经历了从萌芽到多元化的发展历程。自 20 世纪 90 年代从简单的影视基地类项目起步，逐步扩展到涵盖历史文化、游乐园、国际化高端项目以及多元化的生态复合型和沉浸式体验项目。每个阶段都具有鲜明的特点和标志性的项目，反映了行业在不断演变中展现出的强大生命力与创新力。

（一）萌芽阶段（20 世纪 90 年代）

20 世纪 90 年代，长三角主题公园初现萌芽，以无锡三国影视城和横店影视城为代表，聚焦于影视基地类项目。横店影视城作为全球规模最大的影视拍摄基地之一，凭借丰富的影视资源和厚重的历史文化底蕴，每年吸引着大量游客。无锡三国影视城则以经典的三国文化为依托，通过实景建筑和影视拍摄场景，让游客仿佛置身于三国时期，感受那段波澜壮阔的历史。这一时期，也曾出现过照搬欧美模式而忽略微观区位选址的福禄贝尔科幻乐园。

（二）扩张阶段（2000—2015年）

21世纪初至2015年，长三角主题公园进入扩张阶段，常州恐龙园（2000年）、上海欢乐谷（2009年）、常州环球动漫嬉戏谷（2011年）、芜湖方特系列（2008—2015年）等项目推动了区域主题公园产业的蓬勃发展。芜湖方特系列作为华强方特在长三角地区的重要布局，从方特欢乐世界到方特东方神画，再到方特水上乐园，不断丰富产品线，以高科技手段和创意游乐设施，为游客带来全新的欢乐体验。这一阶段，主题公园开始注重文化内涵的挖掘和呈现，通过文化与游乐的结合，提升游客的游玩体验。方特集团与宋城集团也由长三角起步，逐步发展壮大成全球知名的中国本土主题公园品牌，实现全国范围内的乐园扩张。

（三）升级转型阶段（2016—2020年）

2016年至2020年，长三角主题公园迎来升级转型阶段，上海迪士尼乐园（2016年）、上海海昌海洋公园（2017年）等项目的开业，引领了产业国际化与主题化升级转型。上海迪士尼乐园作为国际顶级主题公园品牌，带来了先进的运营理念和管理经验，其独特的园区设计、丰富的娱乐项目和高品质的服务，为国内主题公园树立了新的标杆。上海海昌海洋公园则以海洋文化为主题，通过大型海洋动物表演、水族馆展示等形式，让游客近距离接触海洋生物，感受海洋的神秘与魅力。这一阶段，长三角主题公园在品质上有了显著提升，逐渐走向国际化，同时也在技术创新和体验升级方面不断探索，进一步满足游客日益增长的需求。

（四）多元化阶段（2021年至今）

2021年以后，长三角主题公园进入多元化阶段，生态复合型（太湖龙之梦乐园）、沉浸式体验（启唐城沉浸乐园）等成为新增长点，上海乐高乐园的新开业也为区域主题公园发展注入新动力。太湖龙之梦乐园以超大的规模和丰富的业态，打造了一个集旅游、度假、购物、娱乐于一身的综合性旅游度假区。启唐城沉浸乐园则以独特的沉浸式体验为核心，通过场景营造、剧情设计和互动体验，让游客仿佛穿越时空，置身于一个充满奇幻与冒险的世界。专为2~12岁亲子家庭打造的上海乐高乐园度假区，拥有8个主题园区、超75个互动骑乘设施、表演和玩乐景点，推动上海形成“东有迪士尼、西有乐高”的主题乐园布局。这一阶段，长三角主题公园不断创新和拓展，满足了游客多样化和个性化的需求。

回顾长三角主题公园的发展历程，从萌芽到扩张，再到升级转型和多元化，每个阶段都彰显了该行业强大的适应力与创新力。早期的影视基地类项目为后续发展奠定了基础，随后的游乐园与历史文化类主题公园丰富了产品线，国际化高端项目的引入则提升了整体品质。如今，生态复合型和沉浸式体验项目正引领新的潮流，满足游客多样化需求。未来，随着长三角一体化进程的加速，主题公园有望在区域协同发展中实现资源共享与优势互补，持续推动产业升级，为游客创造更丰富的体验，同时为国内文旅产业发展提供宝贵经验。

三、长三角地区的发展优势与挑战

（一）发展优势

1. 经济基础雄厚

长三角地区雄厚的经济基础为主题公园的蓬勃发展提供了坚实的支撑。根据三省一市政府工作报告披露的数据，2023 年，上海、江苏、浙江和安徽的经济总量突破 30 万亿元大关，占全国经济总量的 24% 左右，继续稳居全国经济最活跃、开放程度最高、创新能力最强的区域之一。具体来看，2023 年上海 GDP 达 4.72 万亿元，江苏 GDP 达 12.82 万亿元，浙江 GDP 达 8.26 万亿元，安徽 GDP 达 4.71 万亿元。自 2018 年以来，长三角 GDP 占全国的比重始终保持在 24% 左右，三省一市以仅占全国 4% 的国土面积，创造了全国近 1/4 的经济总量。长三角地区作为中国经济的重要引擎，其稳定增长和高质量发展为主题公园的持续发展提供了坚实的物质保障和广阔的市场空间。

2. 交通网络发达

长三角地区交通网络的完善为区域主题公园的发展提供了有力保障。截至 2024 年，长三角铁路建设投资超过 1300 亿元，杭衢高铁等新线开通，提升了区域交通可达性，为周边主题公园输送了稳定客源。根据相关规划，到 2025 年，长三角地区将基本建成多层次轨道交通系统，总里程达 2.2 万公里以上，新增里程超过 8000 公里，高速铁路通达地级以上城市，铁路联通全部城区常住人口 20 万以上的城市，进一步促进区域内人员流动，扩大主题公园的潜在客群。长三角已经初步建成涵盖公、铁、水、空等多种类型的交通基础设施体系，形成了半小时通勤圈、1 小时生活圈、3 小时高铁圈。这种交通便利性使得长三角地区的旅游经济能级持续提升，为文旅产业的发展提供了强大的支撑。

3. 区域文化特色鲜明

长三角地区钟灵毓秀的土地，及其深厚且多元的文化脉络，为主题公园发展提供了丰富的养料。在地理位置上，它所覆盖的范围让江南文化成为融合了吴文化、越文化、徽文化以及海派文化等区域文化的独特存在。其中，吴文化与越文化，同属长江中下游文明，两种文化同质性强且内在相通，一般合称为吴越文化。吴越文化以太湖流域为核心区域，坐拥居水临海的地理条件，凭借鱼盐之利与水路之势，孕育了绝美的太湖风光、运河风光及江南水乡。

徽文化则以古徽州为发端。原徽州府下辖歙县、黟县、婺源县、休宁县、祁门县、绩溪县六县。这六县在长达900年的时间里一直隶属徽州，为徽州文化的发展创造了稳定的条件。古徽州府衙的历史格局被完整保存下来，徽派建筑的风格特色也沿用至今。徽州文书作为民间档案的遗存，是研究徽州百姓生产生活的重要史料；而徽州在文房四宝崛起与流行中所作的贡献，让世人赞叹不已。此外，徽文化的内涵特质还体现在理学大家们提出的仁爱、爱国、敬业等先进思想以及徽商重义轻利的义利观和他们世代不懈的进取精神中。

上海则凭借其得天独厚的地理优势成为文化交流与融合的前沿阵地。上海汇集了国内外的先进技术与理念，并将其与当地吴越文化相融合，形成了海派文化。海派文化根植于中国传统文化，同时通过开埠吸纳了多国文化的养分，展现出海纳百川、开放包容、融合创新的内涵特质。中西合璧的上海外滩建筑群，本土沪剧、越剧与域外滑稽剧、海派电影联袂登台以及海派文学与海派绘画的异彩纷呈，都是海派文化独特魅力的生动体现。丰富的文化资源为长三角地区主题公园的建设和发展提供了丰富的素材。

（二）发展挑战

1. 传统文化转化不深

从文化角度看，长三角地区拥有丰富的历史文化资源，但主题公园的发展却存在文化同质化的问题。许多主题公园过于依赖现代娱乐元素，而忽略了对当地历史和文化的深入挖掘与展示。这不仅削弱了主题公园的特色和吸引力，也未能有效促进当地文化的传承与发展。同时，文化保护意识和措施的不足也导致一些文化资源被过度商业开发或破坏，非物质文化遗产未能得到妥善保护和传承。过度商业化可能导致非遗、历史元素失真，主题公园在开发时也需确保文化传承与创新平衡。

2. 同质化问题严重

长三角地区作为我国主题公园最密集的区域之一，在快速发展的同时，同质化问题日益凸显，这不仅削弱了市场竞争力，还加剧了资源浪费和经营风险。长三角主题公园普遍存在主题重复、文化内涵薄弱的问题。20世纪90年代中后期，福禄贝尔、美国科幻乐园、西奇乐园等一批主题公园出现在长三角，但好景不长，没多久便纷纷倒闭（保继刚和梁增贤，2021）。近年来虽转向影视、动漫IP，但依然热衷于国际IP的引进，缺乏本土文化深度挖掘。多地争相布局同类项目，导致重复建设和资源内耗，周边城市持续引入相似 IP 项目，未能形成差异化定位。这种一哄而上，忽视区域协同规划和市场需求的匹配，容易造成恶性竞争。

四、长三角地区主题公园未来发展建议

（一）区域主题差异化与协同发展

长三角地区主题公园需破解扎堆竞争困局，避免相邻城市间主题公园定位重叠，导致客源分流与资源内耗。建议立足城市禀赋打造差异化标签：杭州可凭借其深厚的南宋文化底蕴，开发宋韵市集与沉浸式历史剧场，让游客穿越时空，领略南宋的繁华与风韵；上海则应充分利用其国际化大都市的地位和前沿科技资源，布局科幻未来主题园区，为游客呈现一场科技与想象力交织的盛宴。同时，对长三角地区的主题公园进行统筹规划，资源共享，市场共通，避免相邻城市重复建设同类型的主题公园，造成资源浪费和恶性竞争。同时，推动跨区域联票、交通接驳专线与 IP 联动营销，为游客带来全新的体验，在避免同质化竞争的同时，最大限度地发挥区域协同效应，提升整个长三角地区主题公园的吸引力和竞争力。

（二）本土品牌培育与轻资产运营

许多中小型公园为了吸引游客，往往依赖游乐设备的大量堆砌，而忽视了品牌建设和 IP 的衍生价值开发，导致园区缺乏独特的品牌魅力和跨区域的市场竞争力。推动本土主题公园品牌的培育与发展显得尤为重要。对于具有发展潜力的品牌，政府和相关机构应给予重点扶持，帮助其提升品牌辨识度和市场影响力。对于已经成熟的本土品牌，应鼓励其进行轻资产扩张，通过输出管理模式和推动 IP 授权合作来实现品牌的全国布局。主题公园可以通过 IP 授权和管理输出，收取管理费用和品牌授权费用，有效降低重资产风险，实现资源的优化配置。

（三）深耕主题特色与避免过度开发

长三角地区主题公园在数量上已经形成了一定规模，但核心类主题公园占比较少，主题化程度还有提升空间。近似类主题公园虽然依托当地文旅资源优势和消费市场活力形成了规模效应，但普遍存在主题化程度不足的问题，部分中小型公园仍以低端游乐设备为主，缺乏独特的文化内涵和创新体验项目。面对激烈的市场竞争，为了避免

过度投资和资源浪费，长三角地区在主题公园开发和引进方面需要更加谨慎。对于现有的近似类主题公园，应基于现状进行主题化升级，提升其主题化程度。例如，生态复合类主题公园可以增加湿地探秘、自然研学等互动内容，提升游客的参与度和体验感；影视基地类主题公园则可以开发 IP 衍生剧游产品，如象山影视城推出的“剧本杀 + 古装拍摄”体验包，通过创新形式增强游客的沉浸式体验。

同时，市场对低主题化项目的有限需求也提醒我们，中小型或同质化主题类型的开发引进需要慎重考虑，避免盲目跟风和过度投资。在引进建设方面，应遵循查漏补缺的原则，优先支持填补市场空白的主题类型。例如，结合浙江数字强省优势，可以考虑建设电竞主题公园，将数字科技与娱乐体验相结合，为游客提供全新的游玩体验；或者依托皖南丰富的红色旅游资源，开发革命教育体验园，通过沉浸式的历史场景再现和互动体验，让游客深入了解革命历史，感受红色文化的魅力。

（四）文化与数字技术引领产品开发

长三角地区作为中国经济最为发达的区域之一，不仅是文化的沃土，更是技术的前沿阵地。这里拥有深厚的影视、动漫产业基础，同时在元宇宙、信息技术等新兴领域也展现出强大的实力。为了推动主题公园行业的升级转型，引领新一轮的发展浪潮，长三角地区应充分发挥其文化与技术的双重优势，开发具有创新性和吸引力的主题公园体验产品。可以利用先进的数字技术，如虚拟现实（VR）、增强现实（AR）和人工智能（AI），打造沉浸式的游乐体验。例如，通过 VR 技术让游客身临其境地体验恐龙时代的奇妙冒险，或者利用 AI 技术实现与动漫角色的智能互动。上海海昌海洋公园的海洋元宇宙项目就是一个成功的案例，游客可以通过 VR 技术与虚拟虎鲸互动，不仅提升了游客的体验感，还增强了门票的吸引力。

结合长三角地区的文化资源，开发具有地方特色的文化体验项目。例如，与南京博物院合作开发数字化的《姑苏繁华图》互动展，或者联合良渚遗址打造穿越五千年的 AR 考古探秘项目。这些项目不仅能够将文物活化融入游乐场景，还能让游客在游玩中感受历史文化的魅力。也可以通过数字化手段优化主题公园的运营和管理。开发智能导览系统，为游客提供个性化的游玩线路规划服务；或者利用大数据分析游客的消费行为，实现精准营销。

五、结语

长三角地区主题公园的发展历程，是中国文旅产业从粗放式扩张到精细化运营的缩影。当前，主题公园行业已进入关键转型期：一方面，经济基础、交通网络与文化资源为创新突破奠定了坚实基础；另一方面，同质化竞争与盈利模式瓶颈亟待突破。区域主题差异化与协同发展、本土品牌培育与轻资产运营、深耕主题特色与避免过度开发以及文化与数字技术引领产品开发将成为其重要的发展方向。长三角主题公园需以文化深耕为核心，将吴越文化、徽文化、海派文化等地域资源转化为独特 IP，避免对国际 IP 的过度依赖；通过轻资产模式降低运营风险，借助数字化技术提升游客体验；更需打破壁垒，构建长三角地区协同发展的格局。未来，随着长三角一体化战略的深化与新质生产力的应用，主题公园有望从单一娱乐载体升级为城市经济转型的引擎，在激烈的市场竞争中实现可持续发展，为游客提供更加丰富、优质的旅游体验，推动区域文旅产业迈向新的高度，同时也为国内其他地区的主题公园发展提供有益的经验与借鉴。

表 8-1　长三角地区主题公园一览表

省 / 直辖市	城市	主题公园名称	开业年份	规模等级	核心类型	属性近似度
安徽省	合肥市	合肥海洋世界	2008	Ⅲ . 中小型	单体海洋馆	Ⅱ . 近似类
	芜湖市	芜湖方特欢乐世界	2008	Ⅱ . 大型	游乐园类	Ⅰ . 核心类
	淮南市	焦岗湖影视城	2010	Ⅰ . 特大型	影视基地类	Ⅱ . 近似类
	芜湖市	芜湖方特梦幻王国	2010	Ⅱ . 大型	游乐园类	Ⅰ . 核心类
	滁州市	滁州长城梦世界影视城	2013	Ⅱ . 大型	影视基地类	Ⅱ . 近似类
	芜湖市	芜湖方特水上乐园	2014	Ⅲ . 中小型	冰雪戏水类	Ⅱ . 近似类
	芜湖市	芜湖方特东方神画	2015	Ⅱ . 大型	历史文化类	Ⅰ . 核心类
	芜湖市	芜湖新华联大白鲸海洋公园	2016	Ⅲ . 中小型	单体海洋馆	Ⅱ . 近似类
	宿州市	宿州野生动物园	2017	Ⅰ . 特大型	生态复合类	Ⅱ . 近似类
	芜湖市	松鼠小镇	2017	Ⅱ . 大型	影视娱乐类	Ⅱ . 近似类
	淮北市	淮北欢乐世界	2018	Ⅱ . 大型	游乐园类	Ⅱ . 近似类
	阜阳市	临泉魔幻之都文化旅游景区	2018	Ⅰ . 特大型	综合团组类	Ⅱ . 近似类
	合肥市	合肥融创乐园	2019	Ⅰ . 特大型	综合团组类	Ⅰ . 核心类
	阜阳市	中环格林童话世界	2020	Ⅲ . 中小型	影视娱乐类	Ⅱ . 近似类
	马鞍山	大青山野生动物世界	2020	Ⅰ . 特大型	生态复合类	Ⅱ . 近似类
	阜阳市	太和环球嘉年华游乐园	2021	Ⅲ . 中小型	游乐园类	Ⅱ . 近似类
	合肥市	欢乐森林	2021	Ⅰ . 特大型	生态复合类	Ⅲ . 边缘类

续表

省 / 直辖市	城市	主题公园名称	开业年份	规模等级	核心类型	属性近似度
浙江省	杭州市	杭州宋城	1996	Ⅲ．中小型	历史文化类	Ⅰ．核心类
	金华市	横店影视城	1996	Ⅰ．特大型	影视基地类	Ⅱ．近似类
	杭州市	杭州野生动物世界	2002	Ⅰ．特大型	生态复合类	Ⅱ．近似类
	宁波市	象山影视城	2005	Ⅱ．大型	影视基地类	Ⅲ．边缘类
	温州市	温州乐园	2005	Ⅲ．中小型	游乐园类	Ⅱ．近似类
	杭州市	杭州乐园	2007	Ⅲ．中小型	游乐园类	Ⅱ．近似类
	杭州市	杭州长乔极地海洋公园	2008	Ⅲ．中小型	生态复合类	Ⅱ．近似类
	杭州市	宋城烂苹果乐园	2012	Ⅲ．中小型	游乐园类	Ⅰ．核心类
	宁波市	罗蒙环球乐园	2013	Ⅰ．特大型	游乐园类	Ⅱ．近似类
	湖州市	杭州 Hello Kitty 乐园	2015	Ⅰ．特大型	影视娱乐类	Ⅰ．核心类
	宁波市	宁波方特东方神画	2016	Ⅱ．大型	历史文化类	Ⅰ．核心类
	绍兴市	东方山水乐园	2016	Ⅰ．特大型	游乐园类	Ⅱ．近似类
	宁波市	象山海上传奇主题乐园	2017	Ⅱ．大型	影视娱乐类	Ⅱ．近似类
	温州市	温州极地海洋世界	2017	Ⅲ．中小型	单体海洋馆	Ⅱ．近似类
	杭州市	千岛湖西坞里萤火虫主题公园	2018	Ⅱ．大型	生态复合类	Ⅱ．近似类
	湖州市	湖州影视城	2018	Ⅰ．特大型	影视基地类	Ⅱ．近似类
	杭州市	OMG 心跳乐园	2019	Ⅲ．中小型	游乐园类	Ⅱ．近似类
	杭州市	杭州开元森泊度假乐园	2019	Ⅲ．中小型	生态复合类	Ⅱ．近似类
	杭州市	浪浪浪水公园	2019	Ⅲ．中小型	冰雪戏水类	Ⅱ．近似类
	湖州市	莫干山开元森泊度假乐园	2019	Ⅱ．大型	生态复合类	Ⅱ．近似类
	宁波市	杭州湾海皮岛乐园	2019	Ⅲ．中小型	游乐园类	Ⅱ．近似类
	杭州市	千岛湖沪马探险乐园	2020	Ⅱ．大型	生态复合类	Ⅲ．边缘类
	嘉兴市	杭州湾融创文旅城	2021	Ⅰ．特大型	综合团组类	Ⅱ．近似类
	宁波市	宁波方特东方欲晓	2021	Ⅱ．大型	历史文化类	Ⅰ．核心类
	台州市	方特・狂野大陆	2022	Ⅱ．大型	影视娱乐类	Ⅰ．核心类
	湖州市	熊猫部落探险乐园	2024	Ⅱ．大型	游乐园类	Ⅱ．近似类
	湖州市	太湖龙之梦乐园	2024	Ⅰ．特大型	综合团组类	Ⅱ．近似类
	宁波市	宁波熊出没欢乐港湾	2024	Ⅲ．中小型	影视娱乐类	Ⅰ．核心类
	台州市	临海熊出没欢乐港湾	2024	Ⅲ．中小型	影视娱乐类	Ⅰ．核心类
	台州市	台州方特水上乐园	2024	Ⅲ．中小型	冰雪戏水类	Ⅰ．近似类

续表

省/直辖市	城市	主题公园名称	开业年份	规模等级	核心类型	属性近似度
上海市	上海市	上海影视乐园	1998	Ⅱ.大型	影视基地类	Ⅱ.近似类
	上海市	紫海鹭缘浪漫爱情主题公园	2009	Ⅲ.中小型	生态复合类	Ⅲ.边缘类
	上海市	上海欢乐谷	2009	Ⅱ.大型	游乐园类	Ⅰ.核心类
	上海市	上海玛雅海滩水公园	2009	Ⅲ.中小型	冰雪戏水类	Ⅱ.近似类
	上海市	上海迪士尼乐园	2016	Ⅰ.特大型	影视娱乐类	Ⅰ.核心类
	上海市	上海海昌海洋公园	2017	Ⅱ.大型	生态复合类	Ⅰ.核心类
	上海市	安徒生童话乐园	2017	Ⅲ.中小型	影视娱乐类	Ⅰ.核心类
	上海市	蓝精灵乐园	2020	Ⅳ.规模不足	影视娱乐类	Ⅱ.近似类
	上海市	上海宋城千古情	2021	Ⅲ.中小型	历史文化类	Ⅰ.核心类
	上海市	上海乐高乐园度假区	2025	Ⅱ.大型	影视娱乐类	Ⅰ.核心类
江苏省	无锡市	无锡三国影视城	1987	Ⅱ.大型	影视基地类	Ⅲ.边缘类
	南京市	南京海底世界	1996	Ⅲ.中小型	单体海洋馆	Ⅱ.近似类
	常州市	常州恐龙城	2000	Ⅰ.特大型	生态复合类	Ⅰ.核心类
	南京市	南京珍珠泉野生动物园	2002	Ⅱ.大型	生态复合类	Ⅱ.近似类
	常州市	淹城春秋乐园	2010	Ⅰ.特大型	历史文化类	Ⅱ.近似类
	常州市	环球动漫嬉戏谷	2011	Ⅱ.大型	影视娱乐类	Ⅰ.核心类
	南京市	石湫影视基地	2011	Ⅰ.特大型	影视基地类	Ⅲ.边缘类
	南京市	汤山欢乐水世界	2012	Ⅲ.中小型	冰雪戏水类	Ⅱ.近似类
	盐城市	盐城大丰港海洋世界	2012	Ⅲ.中小型	单体海洋馆	Ⅱ.近似类
	张家港市	张家港市暨阳湖欢乐世界	2012	Ⅲ.中小型	游乐园类	Ⅱ.近似类
	宿迁市	宿迁嬉戏谷动漫王国	2013	Ⅲ.中小型	影视娱乐类	Ⅱ.近似类
	淮安市	淮安龙宫大白鲸嬉水世界	2015	Ⅲ.中小型	冰雪戏水类	Ⅱ.近似类
	南京市	银杏湖乐园	2015	Ⅰ.特大型	生态复合类	Ⅱ.近似类
	扬州市	扬州乐园	2015	Ⅲ.中小型	游乐园类	Ⅱ.近似类
	镇江市	镇江世业洲开心乐之岛主题音乐乐园	2017	Ⅲ.中小型	游乐园类	Ⅱ.近似类
	南京市	南京万达乐园	2018	Ⅲ.中小型	游乐园类	Ⅰ.核心类
	南通市	南通森迪旅游度假区	2018	Ⅰ.特大型	生态复合类	Ⅱ.近似类
	苏州市	华谊兄弟电影乐园	2018	Ⅱ.大型	影视基地类	Ⅰ.核心类
	南京市	南京龙出没乐园	2019	Ⅲ.中小型	生态复合类	Ⅲ.边缘类
	南京市	南京金牛湖野生动物王国	2019	Ⅲ.中小型	生态复合类	Ⅱ.近似类

续表

省 / 直辖市	城市	主题公园名称	开业年份	规模等级	核心类型	属性近似度
江苏省	无锡市	无锡融创文旅城	2019	Ⅰ．特大型	综合团组类	Ⅰ．核心类
	盐城市	江苏射阳安徒生童话乐园	2019	Ⅱ．大型	影视娱乐类	Ⅰ．核心类
	南京市	南京欢乐谷	2020	Ⅰ．特大型	游乐园类	Ⅰ．核心类
	徐州市	徐州乐园	2020	Ⅱ．大型	游乐园类	Ⅱ．近似类
	淮安市	淮安西游乐园	2021	Ⅱ．大型	影视娱乐类	Ⅰ．核心类
	扬州市	扬州华侨城梦幻之城	2021	Ⅰ．特大型	游乐园类	Ⅰ．核心类
	淮安市	淮安方特东方欲晓	2022	Ⅱ．大型	历史文化类	Ⅰ．核心类
	徐州市	徐州欧乐堡海洋极地世界	2022	Ⅲ．中小型	冰雪戏水类	Ⅱ．近似类
	盐城市	东大门（KK-PARK）乐园	2022	Ⅲ．中小型	综合团组类	Ⅱ．近似类
	盐城市	盐城海昌海洋探索馆	2022	Ⅳ．规模不足	单体海洋馆	Ⅱ．近似类
	启东市	启唐城沉浸乐园	2023	Ⅲ．中小型	历史文化类	Ⅱ．近似类
	徐州市	徐州方特乐园	2023	Ⅱ．大型	游乐园类	Ⅰ．核心类
	常州市	舜山猪猪乐园	2024	Ⅳ．规模不足	游乐园类	Ⅱ．近似类
	徐州市	徐州方特水上乐园	2024	Ⅱ．大型	冰雪戏水类	Ⅱ．近似类

第九章

粤港澳大湾区主题公园发展分析报告

梁增贤　陈晓彤　孙宇洁　苏思晴　罗　卉

在当今全球化与区域一体化快速推进的时代背景下，粤港澳大湾区作为我国重要的经济增长极与改革开放先行区，其蓬勃发展的文旅产业已成为区域经济多元化与消费升级的关键驱动力。粤港澳大湾区是中国主题公园产业发展起步最早、产业体系最齐全、品牌与总部基地最集中的地区，也是中国主题公园产业发展最成熟的地区。本章旨在全面剖析粤港澳地区主题公园的发展现状、历程、机遇与挑战，并提出针对性的发展建议，以期为大湾区文旅产业的高质量发展提供理论支持与实践指导，助力打造具有全球影响力的主题公园产业集群，探索出一条区域协同与可持续发展的创新之路。

一、粤港澳大湾区主题公园发展现状

（一）现状分析

在粤港澳大湾区，广东省的主题公园发展尤为突出，共有主题公园 34 个，其中特大型主题公园共 10 个，集中分布在广州、佛山、珠海等城市，大型主题公园有 15 个，广泛分布于大湾区多个城市，中小型主题公园共 9 个，分布较为分散，在周边市场具有一定的吸引力。香港的特大型主题公园和大型主题公园均只有 1 个，分别为香港迪士尼乐园和香港海洋公园，另外，还有 4 个规模不足的主题公园。澳门地区没有严格意义上的主题公园，因此下文将把讨论重点放在广东及香港地区。

粤港澳大湾区主题公园类型丰富，以器械类游乐场分布最广，自然类、历史类分布较为集中，演艺类、海洋类呈散点分布，品牌化和本土化兼备。生态复合类主题公园数量达到 13 个，占比 33%，以长隆野生动物世界、东部华侨城为代表。这类主题公园注重自然生态与游乐设施的结合，为游客提供了亲近自然与娱乐相结合的体验。游乐园类有 8 个，占比 20%，以深圳欢乐谷为代表，以游乐设施和娱乐项目为主，为游客带来刺激与欢乐。冰雪戏水类有 3 个，如长隆水上乐园、鼎龙湾德萨斯水世界等，主要提供水上或冰雪娱乐项目。历史文化类有 4 个，如深圳锦绣中华、广东千古情景区等，主要展示历史文化和民俗风情，让游客领略不同地域的文化魅力。综合团组类有 4 个，如长鹿旅游休博园、广州融创文旅城等，是集多种功能于一体的综合性旅游度假区，满足游客多样化的度假需求。影视基地类有 3 个，如南海影视城、中山影视城等，以影视拍摄和影视文化体验为特色，吸引众多影视爱好者。影视娱乐类主题公园 5 家，以香港迪士尼乐园为代表，提供骑乘设施、主题演出、混合消费、周边产品等体验消费形式。这些主题公园各具特色，共同构成了粤港澳大湾区丰富多彩的主题公园体系。

从主题公园属性近似度来看，核心类主题公园有 18 个，如深圳锦绣中华、长隆乐园等，具有较强的代表性和核心吸引力，主题高度聚焦且文化辨识度高，是大湾区主题公园的重要组成部分；近似类主题公园有 16 个，如深圳野生动物园、珠海神秘岛主题乐园等，主题在一定程度上缺乏整合性、识别性或鲜明性，呈现主题分散化的特点；边缘类主题公园有 6 个，如南海影视城、中山影视城等，相对而言在规模、影响力或特色上较为边缘化，但同样为大湾区的主题公园的发展增添了色彩。

在粤港澳大湾区，广东省主题公园的开发模式呈现多样化特征。据统计，省内74% 的主题公园为单体乐园，它们以特色主题为驱动，提供观光、游乐和演绎等体验，具有建设成本低、管理运营简单的优势，但也依赖品牌效应和区位优势。剩余 26% 的为主题公园综合度假区，这些度假区以 2 个以上主题公园为核心，结合酒店、分时度假和商业综合体等设施，是提供多样体验的大型综合旅游目的地，尽管运营成本高、管理复杂且投资回报周期长，但规模和业态的丰富性使其在市场中占据重要地位。

总体来看，粤港澳大湾区的主题公园在规模和分布上存在明显差异，广东省的主题公园数量多、规模大，而香港和澳门的主题公园数量相对较少，规模也较小。香港地域面积小，土地资源有限，限制了大型主题公园的数量和规模。同时，香港的经济结构以金融、贸易等服务业为主，旅游业并非其经济发展的核心支柱产业，在旅游资源开发上相对谨慎，更注重提升现有主题公园的品质和竞争力，而非大规模扩张数量。澳门地域狭小，旅游发展长期依赖博彩业，且周边城市主题公园数量丰富、交通便捷，没有开发大中型主题公园的必要性。

（二）主要城市发展情况

1. 广州：集群效应凸显，多元业态升级

广州市主题公园市场发展态势良好，主题化程度高，类型丰富，共有 9 家主题公园，主题公园数量和规模在全省处于领先地位。从空间分布来看，番禺区和增城区是主题公园聚集地，其中番禺区的长隆系列主题公园形成了强大的集群效应，增城区的广州钧明欢乐世界等也各具特色。主题类型涵盖生态复合类、游乐园类、冰雪戏水类等，满足不同游客群体的需求。在规模上，以特大型和大型为主，拥有丰富的游乐设施和独特的主题体验，具有较高的知名度和市场吸引力。近年来，随着消费升级和旅游市场的不断扩大，广州主题公园也在不断升级和创新，如广州融创文旅城的开业为市场注入了新的活力，其综合团组类的模式提供了多元化的娱乐体验。同时，长隆系列主题公园也在不断拓展和升级，进一步丰富了产品线，提升了市场竞争力。

2. 珠海：区位优势赋能，横琴集聚发力

相较于珠三角地区其他城市，珠海是土地资源、社会经济和交通区位上最适合发展大型和特大型主题公园群落的城市。珠海作为唯一与港澳陆桥相连的内地城市，主题公园产业发展态势强劲。珠海长隆海洋王国是最具代表性的主题公园之一，发挥着巨大的集聚效应。珠海长隆所在的横琴半岛与澳门仅一水之隔，距离香港也仅 41 海里，集观光、休闲、度假、酒店、会展等多种功能于一体，被誉为“世界级旅游巨无霸”，不仅吸引了香港本地游客及过境游客，还填补了澳门休闲市场与香港度假市场的空白，同时满足了广东省乃至全国游客对一站式休闲度假的需求。2014 年，珠海长隆海洋王

国开园，当年接待游客人数 550.4 万人次，取得了开门红，首期效应显著；到 2018 年，该主题公园接待游客量已达到 1083 万人次，位列亚太地区第五、全球第十；至 2023 年以 1252 万人次的游客接待量，位列亚太地区第四、全球第六。随着 2023 年长隆飞船乐园和飞船酒店的开业，珠海长隆的产品线不断丰富，市场吸引力与竞争力持续提升。此外，随着消费升级与旅游市场的持续扩大，珠海主题公园也在不断升级创新。

3. 香港：历史传承创新，国际品牌增效

香港主题公园的发展见证了香港旅游业的变迁与成长。早期的香港主题公园起源于 20 世纪初的私人游乐场，这些游乐场多集中在香港岛，为市民提供了休闲娱乐的场所。随着时间的推移，香港的经济腾飞和社会进步，这些游乐场逐渐演变成了现代化的主题公园。

香港海洋公园是香港最具代表性的主题公园之一，它于 1977 年开园，最初由赛马会出资建设。海洋公园以其独特的海洋生物展示和丰富的娱乐设施吸引了大量游客，曾多次获得国际奖项，如 2012 年获得国际游乐园及景点协会博览会的“Applause Award”，成为亚洲首家获得此项殊荣的主题公园。然而，海洋公园在发展过程中也面临过诸多挑战，如资金短缺、市场竞争等。近年来，海洋公园正致力于转型发展成为一个以教育及保育为基础的休闲度假区。

香港迪士尼乐园则是香港的另一座标志性主题公园，自 2005 年开园以来，一直是游客们向往的娱乐胜地。尽管在开园初期经历了连续九年的亏损，但随着内地游客数量的增加和乐园自身的不断扩展与创新，香港迪士尼乐园在 2024 财年创下了自开业以来的最高净利润、EBITDA（息税折旧摊销前利润，Earnings Before Interest，Taxes，Depreciation and Amortization）、收入和入场人数。乐园不断推出新的主题园区和活动，如全球首个也是最大型的冰雪奇缘主题园区，以吸引更多的游客。

如今，香港的主题公园在激烈的市场竞争中不断寻求创新与发展，同时也在积极探索如何更好地结合本土文化与国际元素，以提升自身的竞争力和吸引力。未来，香港主题公园将继续在旅游市场中扮演重要角色，为游客们带来更多欢乐与惊喜。

4. 深圳：根植文化基因，破局国际赛道

从 20 世纪 80 年代起，深圳便以敢为人先的姿态，在主题公园领域开创了多个第一。1989 年，中国第一家主题公园锦绣中华在深圳开业，它选取我国代表性的山水古迹形成 80 个微缩景点，创造了开业当年就收回所有投资的行业神话。这一成功不仅开启了中国主题公园的先河，也展现了深圳对本土文化的深度挖掘与创新呈现。随后，1994 年深圳世界之窗试营业，景区以弘扬世界文化为主题，按全球布局分为八大区域，建造了 118 个微缩型的全球著名景点，后来扩充到 130 余处。世界之窗不仅满足了当时国人看世界的需求，更以宏大的气魄和创新的理念，为深圳主题公园注入了国际化的文化基因，成为深圳乃至中国主题公园产业的一张亮丽的名片。

进入千禧年后，深圳主题公园产业继续蓬勃发展，开创了融合参与性、观赏性、娱乐性、趣味性为一体的中国现代主题乐园先河。1998 年，深圳华侨城欢乐谷建成，2007 年深圳东部华侨城开放，是国内首个集休闲度假、观光旅游、户外运动、科普教育等于一体的大型综合性国家生态旅游示范区。欢乐谷以其丰富的游乐设施和精彩的表演，吸引了大量游客，成为国内投资规模较大、设施较为先进的现代主题乐园。而东部华侨城则以独特的华侨文化为主题，打造了一个充满文化氛围的旅游景区，让游客在游玩中感受文化的魅力。

然而，随着时间的推移，深圳主题公园产业也面临着新的挑战。上海迪士尼乐园、北京环球影城等国际主题公园品牌纷纷涌入国内市场，以庞大的体量和长期积攒的名气成为业界顶流，相比之下，本土主题公园在 IP 孵化、运营等方面仍存在差距。同时，随着人们生活水平的提高和消费观念的变化，游客对主题公园的体验需求也在不断升级，这对深圳主题公园的创新和发展提出了更高的要求。

一方面，深圳主题公园不断加强自身的文化内涵建设，深入挖掘和融合本土文化元素，打造具有独特魅力的主题项目和文化活动。例如，深圳欢乐谷在 2016 年斥资 2 亿元进行旅游文化、娱乐项目、主题体验等方面的升级，以满足游客日益多样化的需求。另一方面，深圳也在积极引进国际知名主题公园品牌，如深圳乐高乐园度假区最大单体建筑乐高乐园创想世界已进入封顶阶段，乐园内各大主题区即将全面完成土建。从开创中国主题公园的先河，到不断融合创新、应对挑战，深圳主题公园始终根植文化基因，以开放包容的姿态，在国际赛道上不断前行，不仅为游客带来更多精彩体验，而且为城市的发展注入源源不断的动力。

（三）发展特点

1. 起步早，发展成熟

粤港澳大湾区是中国主题公园产业起步最早的地区，其发展历史可以追溯到 20 世纪 80 年代。改革开放政策影响下，珠江三角洲地区经济迅速发展，人们的生活水平不断提高，对休闲娱乐的需求也日益增长。1983 年，中山市长江乐园开业，成为内地首个大型器械游乐园，拉开了大湾区主题公园产业发展的序幕。随后几年，广州的东方乐园、珠海的珍珠乐园、深圳的深圳湾游乐场等相继开业，形成了珠三角地区早期的游乐园集群。

1989 年，深圳的锦绣中华开园，标志着大湾区主题公园进入了一个新的发展阶段。锦绣中华以微缩景观和文化展示为主题，成功地将中国传统文化与现代旅游相结合，吸引了大量国内外游客，境外游客比例在开业前几年达 15% 左右（梁增贤，2020）。

这一时期，大湾区的主题公园产业开始从单纯的游乐园向更具文化内涵和主题特色的方向发展，形成了较为完整的产业链，包括游乐设施的研发、设计、建设和运营管理等。

经过几十年的发展，粤港澳大湾区已成为中国主题公园产业体系最齐全、品牌与总部基地最集中的地区。这里不仅有长隆、华侨城、华强方特等国内知名的主题公园企业集团，还引进了迪士尼、乐高等国际知名品牌。这些企业集团在大湾区的布局和发展，不仅丰富了主题公园的类型和内容，也促进了国内外品牌之间的交流与合作，推动了大湾区主题公园产业的国际化发展。

2. 产业集群效应显著

粤港澳大湾区作为中国主题公园产业最为发达的地区之一，成功汇聚了众多国际及本土知名主题公园品牌，形成了多元化且富有竞争力的主题公园集群。香港迪士尼乐园作为国际知名品牌，以其独特的迪士尼文化魅力和高品质的游乐体验，吸引了大量国内外游客。珠海长隆海洋王国、深圳欢乐谷等本土品牌主题公园，则通过深入挖掘本地文化特色和不断创新，既培育出达到国际标准的文旅产品，又与跨国品牌形成特色互补，共同推动区域文旅产业升级。

大湾区的主题公园集群在全球范围内具有显著的地位和影响力。2023 年全球 TOP25 主题公园中，大湾区就有 4 家主题公园上榜，包括珠海长隆海洋王国、香港迪士尼乐园、深圳欢乐谷和广州长隆欢乐世界，这些主题公园凭借其独特的主题创意、丰富的游乐设施和优质的服务，吸引了大量游客，年游客总量约达 3850 万人次。这不仅彰显了大湾区主题公园产业的繁荣发展，也反映了其在全球主题公园市场中的重要地位。

大湾区主题公园的国际与本土品牌共存现象，不仅丰富了游客的选择，也促进了国内外主题公园文化的交流与融合。国际品牌带来了先进的管理经验和技术，推动了本土主题公园的升级和创新；而本土品牌则通过挖掘本地文化资源，为国际游客提供了独特的文化体验，增强了大湾区作为国际旅游目的地的吸引力。这种互利共赢的发展模式，为大湾区主题公园产业的持续发展奠定了坚实基础。

3. 本地游客为主

粤港澳大湾区主题公园发展具有显著的客源地特征和市场吸引力。除香港的乐园和长隆乐园外，大部分主题公园主要依赖本地游客，反映出本地市场对主题公园发展的重要性。广州长隆旅游度假区和珠海长隆国际海洋度假区吸引了 56.7% 和 52.4% 的非广东省户籍游客，展现出强大的跨区域吸引力。广东省内其他主题公园的游客主要来自本地及省内周边地区，如广州融创文化旅游城和深圳锦绣中华等，尽管有较高比例的本地游客，但也成功吸引了 16.5% 和 33.0% 的省外游客，展现出一定的跨区域吸引力。整体而言，大湾区主题公园的运营和市场策略应侧重于提升本地游客的重游率，同时扩大二级客源市场，以增强整体市场竞争力和吸引力（表 9-1）。

表 9-1 广东省部分主题公园客源所属户籍地占比

名称	省内占比			省外占比
	本市内	省内其他市	省内小计	
广州长隆旅游度假区	22%	21%	43%	57%
珠海长隆国际海洋度假区	9.0%	38%	47%	53%
深圳东部华侨城	58%	19%	77%	23%
深圳锦绣中华	52%	15%	67%	33%
佛山市南海影视城	41%	39%	80%	20%
佛山市长鹿旅游休博园	23%	64%	87%	13%
广州融创文化旅游城	61%	22%	83%	17%
深圳欢乐谷主题公园	57%	16%	73%	27%
中山影视城	37%	37%	74%	26%
珠海海泉湾神秘岛主题公园	37%	39%	76%	24%

4. 科技与文化深度融合，创新体验驱动消费升级

粤港澳大湾区的主题公园产业在科技赋能方面走在了全国乃至全球的前列，通过先进的科技手段，为游客提供了更加丰富和沉浸式的体验。例如，长隆飞船乐园的百慕大历险动感影院项目，运用 5D 影院技术和 AI 互动等高科技手段，获得了国际主题娱乐协会的“杰出成就奖”，彰显了大湾区在主题公园科技应用方面的领先地位。

粤港澳大湾区的主题公园在开发过程中，注重对本土文化的挖掘和创新，形成了独特的文化 IP，增强了地方文化的认同感和吸引力。例如，珠海长隆海洋王国不仅展示了丰富的海洋生物和精彩的表演，还融入了岭南地区的传统文化元素，如岭南建筑风格、传统手工艺展示等，使游客在享受海洋乐趣的同时，也能感受到浓厚的地方文化氛围。广东千古情景区以广府文化、醒狮文化为核心，结合高科技舞台机械和精彩的演艺，成功打造了一个集文化、娱乐、教育于一体的综合性文旅项目，成为大湾区文旅新地标。这些本土文化 IP 的开发，不仅丰富了主题公园的文化内涵，还促进了地方文化产业的发展，带动了周边餐饮、住宿、购物等相关产业的繁荣，形成了完整的文旅产业链。同时，这些项目还为当地居民提供了就业机会，促进了当地的经济发展。通过科技赋能和本土文化 IP 的开发，粤港澳大湾区的主题公园不仅提升了自身的竞争力和吸引力，也为推动地方经济的发展和文化的传承作出了积极贡献。

5. 主题化程度高，核心类主题公园占比较大

粤港澳大湾区主题公园的发展具有主题化程度高、核心类主题公园占比大的特点，使其在激烈的全国主题公园市场竞争中展现出独特的魅力与优势。从主题化程度来看，大湾区的主题公园深入挖掘和融合了丰富的文化元素，无论是本土的岭南文化、海洋文化，还是国际化的时尚文化等，都通过巧妙的创意和精心的设计，转化为一个个生动且富有吸引力的主题区域和游乐项目。这种高度的主题化不仅满足了游客对于休闲娱乐的需求，更在文化传承和教育方面发挥了积极作用，提升了主题公园的文化内涵和品牌价值。据统计，粤港澳大湾区核心类主题公园占比达到45%，这一比例远高于长三角地区的32%和京津冀地区的28%。核心类主题公园通常具有更强大的资源集聚能力和市场号召力，市场辐射能力强，并且能够带动周边配套产业和主题公园上下游产业的发展。数量众多的核心类主题公园，提升了大湾区主题公园整体的品质和竞争力，促进了区域内的旅游协同发展，形成了具有国际影响力的旅游目的地集群，推动了大湾区旅游业的繁荣发展，进一步巩固了大湾区在全球主题公园市场中的重要地位。

6. 孕育本土品牌

粤港澳大湾区作为中国主题公园产业的创新高地，孕育了长隆、华侨城、华强方特三大本土品牌，不仅在国内市场占据主导地位，更以文化融合与科技赋能的差异化战略跻身全球行业前列。2024年全球TOP10主题公园集团，粤港澳大湾区品牌占据3席，表现亮眼，珠海长隆更凭借百慕大历险动感影院项目斩获TEA“杰出成就奖”，成为中国首个获此殊荣的本土乐园项目。长隆集团董事长苏志刚荣获TEA“终身成就奖”，成为亚洲首位获此荣誉的企业家，标志着国际社会对本土文旅企业创新力的高度认可。

面对迪士尼、环球影城等国际巨头的竞争，本土品牌通过差异化战略突围。如长隆聚焦海洋与野生动物主题，华强方特融合《山海经》元素开发沉浸式体验项目，欢乐谷以国潮节庆活化传统文化，形成独特的中国式乐园吸引力。本土品牌的成功，源于对中华文化的深度挖掘与创新转化。华强方特以“熊出没”IP为核心，构建动画、主题乐园、衍生品的全产业链，其动画电影全球票房超42亿元，并在50多个国家和地区热映；长隆则通过“动物保育+主题娱乐”模式，打造珠海海洋王国、清远森林度假区等多元产品矩阵，带动周边餐饮、住宿业态增长。华侨城则以欢乐谷系列持续迭代游乐设施与智慧服务，深圳欢乐谷与广州长隆共同跻身亚太主题公园榜单前列。本土主题公园品牌的发展不仅推动区域经济升级，更通过IP输出与技术创新重塑全球主题公园产业格局。未来，随着深圳乐高乐园等新项目落地，大湾区本土品牌将进一步巩固其全球竞争力，成为世界级旅游目的地建设的核心引擎。

二、粤港澳大湾区主题公园发展历程

粤港澳大湾区主题公园产业的发展历程，是一部充满探索与创新的壮丽史诗。在过去的三十多年里，大湾区主题公园如雨后春笋般涌现，截至目前，已拥有众多各具特色的主题公园，从早期的微缩景观到现代的沉浸式体验乐园，它们共同构成了大湾区独特的旅游景观。

（一）快速工业化背景下的游乐园（20 世纪 80 年代）

粤港澳大湾区主题公园的发展历程始于 20 世纪 80 年代，这一阶段的主题公园主要以机械游乐设施为主，规模较小，主题单一。1983 年，中山市长江乐园开业，拉开了大湾区主题公园产业发展的序幕。随后，广州东方乐园、南湖乐园、太阳岛乐园等相继建成并开放，这些主题公园在当时吸引了大量游客，但由于投资规模小、产品更新较慢，大多在资金亏损严重后倒闭，仅有少数勉强经营。例如，广州东方乐园于 1985 年开业，占地 24 万平方米，场内游乐项目 50 多个，但由于资金问题，2004 年 9 月正式关闭，2005 年 8 月拆除，现原址为广州白云国际会议中心。这一阶段的主题公园虽然在探索中前行，但因缺乏持续的资金投入和产品创新，未能形成可持续发展的模式。

（二）特殊历史时期下的微缩景观（20 世纪 90 年代初期）

进入 20 世纪 90 年代初期，粤港澳大湾区主题公园进入了微缩景观阶段。1989 年，深圳锦绣中华作为世界上最大的微缩景区开园，一年内收回投资，形成了显著的示范效应。锦绣中华以微缩景观和文化展示为主题，成功地将中国传统文化与现代旅游相结合，吸引了大量国内外游客，境外游客比例在开业前几年达 15% 左右。随后，中国民俗文化村、世界之窗等微缩景观类主题公园相继开业，进一步丰富了大湾区主题公园的类型。然而，这一阶段的主题公园在发展过程中也存在诸多问题，如项目模仿与粗制滥造现象普遍，缺乏持续性的大规模需求。例如，广州世界大观于 1995 年开园，占地 48 万平方米，汇集了世界上 100 多个国家的建筑雕塑，但由于资金短缺和市场竞争，2003 年正式关闭。尽管如此，这一阶段的主题公园在展示中华民族文化和世界文化方面发挥了重要作用，成为爱国主义主题教育的示范。

（三）快速城市化下的主题公园（20 世纪 90 年代末期）

20 世纪 90 年代末期，随着城市化进程的加快，粤港澳大湾区主题公园进入了快速城市化阶段。1998 年，深圳欢乐谷的开业标志着这一阶段的开始。欢乐谷以丰富的游乐设施和精彩的表演吸引了大量游客，成为国内投资规模较大、设施较为先进的现代主题乐园。这一阶段的主题公园开发理念新、投资规模大、技术含量高、主题化程度高，但缺乏行业科学研究与论证支撑，经营与管理相对落后。例如，广州飞图梦幻影城于 1995 年开园，占地总面积 100 多公顷，投资约 2 亿元人民币，融合现代科技、娱乐及异域风情，但由于景点建设背离主题、贪大求全，市场定位盲目乐观，最终在投资机制上靠贷款建设，经营严重亏损，1999 年关闭。尽管如此，这一阶段的主题公园在推动城市空间拓展和旅游产业升级方面发挥了重要作用。

（四）全球化时代（21 世纪新阶段）

进入 21 世纪，粤港澳大湾区主题公园进入全球化发展阶段，这一阶段以香港迪士尼乐园的筹建为标志，主题公园集团化打造，注重沉浸式主题 IP 的打造和产品的持续更新迭代。香港迪士尼乐园于 2005 年开业，成为亚洲第二座迪士尼乐园，后续陆续新增迷离庄园（2013 年）、冰雪奇缘主题区（2023 年）等主题园区；香港海洋公园自 1977 年开业以来持续更新，2018 年推出梦幻水都、2021 年开放水上乐园；长隆集团逐步构建完整度假体系，1997 年开放广州长隆野生动物世界，2014 年建成珠海长隆海洋王国，2025 年清远长隆森林王国开业；同时华侨城、华强方特等企业通过多城市布局和“乐园 +”模式推动产业升级，标志着大湾区主题公园进入国际化运营新阶段。这些企业通过酒店、会展、地产等多模式运营，不断提升自身的竞争力和吸引力，推动了大湾区主题公园产业的国际化发展。

三、粤港澳大湾区主题公园发展优势与挑战

（一）发展优势

1. 市场规模大、消费能力强

广东是中国人口密度较高的省份之一，拥有庞大的人口基数和高人口密度。2022 年年底，广东省拥有常住人口 1.26 亿人，其中珠三角地区人口 7829.43 万人，本地旅

游市场潜力巨大，为主题公园提供稳定的客源支持。以大湾区为例，2022 年大湾区的常住人口超 8600 万，人口密度为 1065 人 / 平方公里，为全球最高密度城市群之一。同时，按已有国际经验（人均 GDP 1 万美元以上地区主题公园渗透率 50%~70%），广东 2023 年的人均 GDP 达 1.52 万美元，潜在主题公园年游客量可达 5000 万人次以上。2022 年广东省人均 GDP10.2 万元，具备消费强劲活力。旅游收入最高的城市为广州和深圳，旅游收入超过 1100 亿元，其次为东莞和佛山，旅游收入在 300 亿元左右，体现出强劲的旅游消费活力。长隆集团数据显示，广东省内游客年均重游率 35%，高于全国平均水平（20%），说明广东省内游客消费黏性强。超大规模的本地市场和旅游流、较强的游客黏性，使得粤港澳大湾区主题公园市场潜力巨大。

2. 发达多元的交通网络

广东省拥有全国最密集的轨道交通网。高铁网可以 3 小时内覆盖大湾区所有城市及周边福建、广西、湖南等省份，覆盖人口约 1.5 亿人。机场包括广州白云、深圳宝安、珠海金湾等七大机场，整体机场群 2024 年的年旅客吞吐量达 1.67 亿人次。港口拥有跨境邮轮直达港澳及东南亚。完备的立体交通网络使得广东的客流集散效率全国领先，能够方便快捷地将各地游客输送到主题公园。除了内地市场，大湾区还与海外市场联系紧密，有利于进一步拓展境外市场空间。当前广东正依托 240 小时过境免签政策，积极辐射全球旅游市场。2025 年“五一”假期期间，广东出入境游客人数达 111.5 万人次，白云边检站查验入出境外国人超 10 万人次，同比增长 39%，居全国空港口岸首位，同时广东的入境消费额同比增长 1 倍多，排名全国第一。便利的港澳与国外交通，以及网络化、多元化的区域内部交通使得大湾区主要城市均处在主题公园 2 小时车程的市场范围内，不仅有利于各个主题公园客流之间的互动，更使得区域内各个城市均有机会建设吸引大湾区市场的大型主题公园。

3. 上下游产业链完备

上游产业：强大的游乐装备制造业与不断孵化的文化 IP。广东拥有全国最齐全的旅游装备制造业，从主题公园乘骑器械、水上设备、游船游艇、平台器械、室内电竞设备，到近年来人工智能文旅装备、服务机器人、无人机、3D 和 4D 体验设备乃至虚拟现实设备均有生产，部分文旅装备领跑全球（表 9-2）。中山市是广东游乐设备制造的重要基地，以金马游乐为龙头，聚集了 19 家游乐设施设计制造厂家。广州市拥有 8 家以海山为代表的水上游乐设施设计制造厂家，为各类水上主题乐园提供丰富多样的设备支持。深圳市拥有 4 家以华强为代表的动感影院设计制造厂家。其中华强方特在主题公园领域具有强大的影响力，其生产的动感影院设备融合了先进的科技和创意，深受市场青睐。最为代表性的金马游乐成立于 2007 年，2018 年在深圳证券交易所创业板上市。2023 年，金马游乐营业总收入为 7.4 亿元，同比增长 82%；净利润 0.5 亿元，同比增长 287%。其产品涵盖 13 类大型游乐设施、8 个系列虚拟沉浸式游乐项目，远销全球近 50 个国家和地区，还为环球影城等国际顶级主题乐园供应游乐设施。

中游产业：主题公园运营管理企业已经形成规模和品牌。广东主题公园运营企业在全国乃至全球都占据重要地位，它们拥有强大的品牌影响力、丰富的运营经验和规模化的项目布局。例如长隆集团在广州和珠海成功打造出长隆海洋王国和广州长隆欢乐世界，并构建起超大型的综合旅游度假区，成为广东旅游发展的重要引擎。除长隆外，广东本土还有华侨城集团、华强方特等多个强势的主题公园品牌。多家主题公园企业集团的游客量均能进入全球前十。广东主题公园企业已经形成了规模和品牌，在主题公园基础建设、景观营造、运营管理、多业态综合开发、多产品复合运营等方面具有系统性能。

下游产业：依托旅游业新媒体传播和营销链接多元市场。广东主题公园的下游产业，不仅涵盖了传统的旅行社渠道，还深度融入了在线旅游平台等新兴销售模式，为游客提供便捷、多样化的购票和旅游规划服务。在线旅游平台通过大数据分析、精准营销等创新手段，帮助主题公园更好地触达目标客户群体，提升品牌曝光度和市场竞争力。同时，广东庞大的消费市场也能够支撑主题公园门票及餐饮、住宿等消费，呈现出巨大的需求导向。

表 9-2　广东省内代表性的主题公园游乐设备供应商

简称	全称	地区	成立年份	注册资本	主营业务
中山金龙	金龙游乐集团	中山	1989	1000 万元	综合型游乐集团公司
潮流集团	广州番禺潮流水上乐园建造有限公司	广州	1994	3884 万元	水上乐园整体解决方案提供商
大浪游乐	广州大浪水上乐园设备有限公司	广州	1999	1000 万元	大型水乐园设备制造商
大新游乐	广州番围大新水上乐园建造有限公司	广州	2000	1000 万元	大型水上游乐设施制造安装维修企业
海山游乐	广东海山游乐科技股份有限公司	广州	2002	2200 万元	水乐园项目策划、设计、建造、管理一体化机构
华强方特	深圳华强方特文化科技集团股份有限公司	深圳	2006	9.7 亿元	特种电影、数字动漫、文化科技
中山金马	中山市金马科技娱乐设备股份有限公司	中山	2007	10197 万元	大型游乐设备专业研发制造企业
普乐方	深圳市普乐方文化科技股份有限公司	深圳	2009	5878 万元	高科技创意娱乐

（二）发展挑战

1. 传统主题公园企业缺乏主题转化能力

大湾区传统主题公园企业集团缺乏系统的主题化能力，存在明显的资金、技术和人才短板，在房地产＋主题公园发展的黄金年代也未能有效促进相关能力的建设，使得大多数主题公园企业集团业务仍主要聚焦在投资、规划与经营管理层面，缺乏在主题文化IP孵化、主题产品研发和主题体验转化、主题公园游乐装备研发制造等方面的核心能力。

第一，核心技术受制于人，设备研发投入与项目迭代能力不足。根据中国游艺机游乐园协会数据，截至2020年中国游乐设备企业达3225家，99%均为中小微企业，大型企业仅32家，占比1%。规模较小的本土游乐设备制造企业由于研发能力不强或者缺乏自主创新能力，产品技术含量低等原因，市场竞争力普遍不强。高端乘骑设备市场80%以上依赖进口，单套设备采购成本通常在5000万元至2亿元之间。技术差距直接导致项目迭代能力不足，迪士尼乐园采用“三三制”，即每年淘汰1/3的硬件设备的同时还会新建1/3的新概念项目，而国内主题公园的平均更新周期长达5~7年。

第二，IP转化的生态系统断层。数据显示，2022年全球TOP25的主题公园中IP呈现数量均值为11.5个，而上榜的中国主题公园的IP呈现数量仅为1~2个，远低于平均水平（本书第十章统计数据）。在软件层面，IP转化能力的薄弱成为制约主题公园发展的关键瓶颈。对比迪士尼IP衍生品高收入占比的商业模式，国内企业仍停留在门票经济阶段，华强方特的“熊出没”IP虽已形成年票房超10亿元的动画电影系列，但主题公园转化率不足15%，且财报数据也凸显了华强方特收入来源不稳定、过度依赖“熊出没”IP的问题。

2. 新兴科技企业较少涉足主题公园产品

第一，科技企业的文旅跨界合作仍以碎片化产品植入为主导，尚未突破浅层嫁接模式。大疆创新通过无人机编队表演（如珠海长隆海洋王国的主题灯光秀）提升景区视觉震撼力，但其技术模块独立于园区主题叙事，更多承担氛围营造的功能。网易《阴阳师》通过AR互动展览、Cosplay巡游在广深实现短期引流，优必选机器人于深圳欢乐海岸等场所进行节日表演，此类活动虽能增强游客参与感，却缺乏与在地文化或长期运营的深度绑定。Rokid的AR眼镜导览、棱镜光娱全息剧场、奇领空间数字交互装置等技术虽被引入文旅场景，但多作为独立体验点存在，尚未打通“硬件—内容—服务”的完整价值链。此类合作本质上是将科技产品作为“插件”植入传统文旅框架，技术方与运营方仍处于供需买卖关系，未能实现底层体验逻辑的共创。

第二，产业链协同缺失制约深度转化，部分企业尝试突破单品合作模式，却在构建完整主题体验体系时遭遇结构性瓶颈。腾讯的“数字IP+文旅”实验、《王者荣耀》与北京环球影城巡游合作、《和平精英》冰雪大世界主题区等案例，虽实现从线上IP到线下空间的“在场化”延伸，但受限于短期节点营销导向，尚未形成可复制的常态化主题区运营模型。爱奇艺全感剧场陷入困局，其依托自有IP的线下剧场虽快速扩张至50家，却因剧情还原粗糙、衍生品体系薄弱、客单价不足等问题，难以对标国际主题公园的沉浸标准，暴露出内容开发与商业运营的能力断层。深层矛盾在于科技企业的技术供给与文旅企业的场景需求间存在“错位衔接”，前者强于单点技术创新，后者缺乏内容转化与长效运营能力，而中间缺失的体验设计与产业链协同环节，导致跨界合作停留于营销层面的资源置换，难以孵化出迪士尼式“IP—技术—服务”三位一体的体验经济体。

第三，当前科技、文创、影视及电竞类企业在主题公园产品设计中，普遍采取“IP拼盘”策略，产品转化缺乏主题凝聚力，文化IP的碎片化开发加剧了体验的断裂感。腾讯将《王者荣耀》《和平精英》等不同世界观IP分散植入环球影城巡游、冰雪大世界等场景；华强方特熊出没主题乐园虽实现IP实体化，但游乐设施与衍生内容仍停留在角色形象嫁接层面，未形成故事驱动的主题生态。这种“多点开花”的模式看似丰富，实则暴露出企业在文化内核提炼与主题系统化运营的短板——当技术特效、IP符号与场景空间仅以物理形式堆砌，游客获得的仅是割裂的瞬时刺激，而非情感贯穿的主题叙事体验。反观迪士尼“星球大战：银河边缘”等标杆项目，其从建筑景观、员工服饰到互动剧情均围绕统一宇宙观展开，而广东本土文旅项目尚未跨越从“IP快闪”到“世界观构建”的关键台阶，根源在于企业将文化IP视为可拆卸的流量工具，而非需要长期培育的故事资产。

第四，广东人工智能和机器人研发和制造业发展迅速，端侧大模型迭代加速，相应产品的文旅转化应用已经初步呈现，部分新兴科技企业零星的主题产品创新已跻身全球前列，但仍缺乏大规模系统化、高深度的全套主题产品。广东文化领域新质生产力加速发展，呈现出文化产业高质量发展、文化产业赋能经济社会发展、文化产业推动优秀传统文化出海等新格局，“广东造”机器人正突破技术边界，重构人类与机器的协作方式，催生出“机器人+文化”的新生态。

四、粤港澳大湾区主题公园未来发展建议

（一）推动旅游企业与科创企业合作

大型和超大型主题公园建设不仅涉及开发、规划、设计、产业转化、运营等一系

列环节，还包括酒店、主题街区、剧场影院、康养、休闲设施等一系列配套建设，需要开发主体具有主题公园全产业链能力和资源及多元业态开发和运营的整体规划与综合运营能力。当前，全球能够完全具备上述资源和能力的企业主要是迪士尼集团、环球影城集团、长隆集团等，而中国旅游集团、华侨城集团、华强方特集团等具备部分链条环节和一定的综合能力，国内主题公园企业在主题 IP 转化和产品研发设计方面都存在明显缺陷。从未来中国主题公园乃至整个新质文旅产业的发展来看，我们必须培育国内企业发展相关能力和资源，降低对国外知识产权和服务贸易依赖，系统性提升中国文旅产业水平，优化能力结构。

人工智能、机器人、数字科技、影视动漫、游戏电竞等新型科创企业近年来都加快文旅相关产品和体验的研发，一是宣传和推广数字技术与人工智能产品，二是近年来，人工智能、机器人、数字科技、影视动漫及游戏电竞等新兴科技企业加速布局文旅领域，既推广了技术产品，也契合了其文娱消费市场的核心定位。新型科创公司缺乏一个高新的旅游平台和应用场景来实现技术变现和推广应用，同时，大多数科创公司只有少量文旅产品和体验的转化，还称不上系统化、整体化、规划化的转化，暂时不足以支撑大型主题公园所需全部项目内容，最多能够完成主题公园内部一个子主题分区或少量项目的内容研发和建设，对公园整体开发和运营缺乏足够能力和资源。

传统旅游企业与新型科创企业在新型主题公园乃至大型新质文旅项目的研发、规划、设计、建设和运营有明显的能力互补和资源共享机会。加快促进大型旅游企业与新型科创企业的合作，科创企业负责产品和体验的技术研发和落地，旅游企业负责文化转化、平台建设、场景营造、景观塑造和整体运营管理，各自发挥所长，共同推动新型主题公园研发和落地运营。

（二）支持传统旅游企业的转型提质

人工智能与数智化正推动全国文旅产品和体验形式的深刻变革，旅游企业应该走出依靠门票经济和静态体验、低文化附加值、低技术含量的“传统舒适区”，积极推进深度文旅融合、数实结合、在“文化 + 科技 + 旅游 + 生活”的框架内寻求不同的资本、技术、资源和能力组合，发展新的竞争力和盈利模式，跳出传统“规划—设计—建设—运营”的产业路径，尝试文化 IP 孵化推广、新质技术转化应用、文旅品牌连锁化和国际化经营，对外输出景观管理、技术装备、文旅产品和文化 IP，争取国际服务贸易。

中国有丰富的文化资源和悠久的历史，近年来影视动漫、电竞游戏等产业也孵化出一系列中华文化 IP 的品牌产品。相较之下，传统文旅企业对中国传统文化的孵化和转化应用稍微滞后，缺乏爆品和重磅 IP，转化的技术路线和科技手段相对单一，未能有效面向新兴市场和应用新质科技。鼓励传统旅游企业建设致力于中华文化IP孵化、转化和应用推广的研究中心和科创企业。建议由政府牵头联合高校、传统文旅企业、新型科创企业组建“中华文化IP创意孵化中心”，专门挖掘培育适合主题公园的原创IP和故事内容。企业设立专项投入资助优秀本土动画、影视、游戏项目及其旅游产品转化，为主题公园源源不断提供富有影响力的超级IP形象。

（三）鼓励跨国租赁和并购文旅企业

主题公园资源和能力建设既要满足大湾区新时期文旅发展的现实，又要面向中国未来一段时期的文旅产业的需求。欧美国家在文旅产品的研发、设计和建设上有长期的积累，除了迪士尼、环球影城、默林娱乐等一批大型主题公园头部企业外，产业链上还有众多文化IP孵化和转化企业、文化故事企业、文旅装置艺术设计公司、乘骑器械和文娱装备的设计和制造企业、新型数字文旅和人工智能企业以及主题公园品牌。鼓励中国旅游企业和相关文旅投资公司通过海外租赁、并购等方式快速集成、融合、创新出相关文旅资源和能力，构建拥有自主知识产权的技术和品牌，依托中国规模市场开展应用推广，促进技术迭代和文化升级，系统性提高中国文旅新质生产力的生成。

过去几十年中国旅游市场快速增长，传统旅游企业做好本国市场和产品就能较好发展。在中国旅游业从高速增长转向高质量发展的阶段，鼓励主要文旅企业认真研究自身技术、资源短板，分析全球主题公园及其他文旅产业链企业的优势技术、资源和品牌，推动中国旅游企业走出去，从全球企业中寻求技术、资源和品牌合作，鼓励中国旅游企业参与全球竞争，不仅是推动新时期中国传统旅游企业转型提质的关键，更是促进新型主题公园在广东落地布局的重要途径。

（四）发展新型主题公园的三个模式

发展新型主题公园需要有新的能力和资源整合，仅依靠传统企业发展相对缓慢，文化IP孵化转化成功率低，技术转化能力较弱；单纯依靠科创企业又存在较大的资源和能力短板。从全球主题公园发展的经验看，有以下三个模式可以尝试。

大型旅游企业 + 大型科技公司合作模式：我国现有大型旅游企业已经形成一定的集成创新和综合开发能力，部分企业已经成功开发运营了主题公园等综合性度假区，具备统一规划建设和整体运营能力。以中国旅游集团和华侨城集团为例，两个企业已经深耕主题公园及酒店、主题街区、剧场等多业态且经营多年，积累了资本、技术和人才。如果大型旅游企业与人工智能、数字化、机器人等大型科技公司深度合作，旅游企业负责整体规划、建设和运营，科技企业负责产品研发设计，强强联合，短期内能够打造新型科技主题的主题公园。例如，推动中国旅游集团、华侨城集团、华强方特集团等文旅企业与携程、大疆、华为等科创企业深度合作，充分利用中国在人工智能、无人机、沉浸技术、机器人等领域的科技和制造优势，有机会打造反映中国科技进步和未来生活的“锦绣中华”。

大型旅游企业搭台+多个科创企业唱戏模式：该模式类似早期的环球影城模式——环球影城作为公园平台，整体建设、统一运营，各个影视剧组和研发团队分区、分块研发内容和转化体验，模块化集成。主题公园需要开发、规划、设计、产品转化、运营等一系列能力，传统旅游企业普遍存在技术短板，科创企业也不具备整体能力。在该模式中，传统旅游企业负责项目的落地、场地和景观的营造和整体的运营管理和市场营销以及可能的文化IP孵化和转化；科创企业负责产品研发、内容设计和装备开发。广东中小型科创企业众多，技术优势各不相同，旅游企业应构建好平台，规划好主题公园内部主题分区和功能设置。大型科创企业如果产品转化多，内容足，项目丰富，可以直接转化建设小型主题公园；如果中型科创公司内容不够支撑，可以建设大型主题公园里的一个分区或者提供部分产品和内容。这个模式就类似开放的产业园区式的主题公园，但旅游企业如何整合多个科创公司资源和产品，如何协调运营不同分区的不同盈利模式、投资模式和旅游体验，使之形成统一体是难题。如何平衡科创企业和产品迭代更新快和公园开发运营相对稳定也是长期经营的关键。

引进、并购和吸收欧美中小型主题公园模式：该模式类似早年的迪士尼乐园。华特·迪士尼当年就是去欧洲模仿艾夫特琳等公园，回来消化吸收后，用自己的动漫IP集成创新的迪士尼乐园。当前，欧美除了迪士尼和环球影城的度假区，其他多数主题公园规模和影响力相对有限。欧洲虽有一些区域性知名乐园（如欧洲乐园、艾夫特琳等），但总体上与第一梯队的差距明显。在欧洲，游客量超过500万人次已经跻身欧洲前三了，排名第10~20名的主题公园都是游客量200万人次以下的主题公园。尽管游客量较小，但是欧洲主题公园在文化IP的孵化和转化，装置艺术的研发、主题景观的营造、科技装备的应用和服务体验的设计上都有很多原创的技术、知识产权和主题产品。例如，德国的欧洲乐园、荷兰的艾夫特琳、丹麦的蒂沃利公园、意大利的加达云霄乐园、法国的狂人国、英国的温莎乐高公园等。国内企业可以通过引进、并购、消化和吸收欧洲主题公园的核心技术和资源，运用中国文化，集成创新出新型主题公园。该模式中，国内的整合企业自身具有较强的集成创新能力，致力文化转化和技术装备开发。可能风险在于，欧洲上述公园比较老旧，知识产权的含金量不高。当年开发和设计的技术团队是否还在？收购回来的东西还有多少可以用？这些问题都值得研究。

五、结语

粤港澳大湾区主题公园产业是中国文旅经济高质量发展的典范，依托文化底蕴、产业集群与科技创新，构建了全球领先的主题娱乐版图。从深圳锦绣中华开创行业先河，到珠海长隆跻身全球十强，本土品牌长隆、华侨城与国际品牌迪士尼、乐高形成差异化竞争，彰显了大湾区文旅产业的活力与国际化视野。未来，大湾区需以四大方向破局：其一，深化协同，打破行政壁垒，共建大湾区主题公园集群，通过跨境联票、交通专线等实现资源联动；其二，强化创新，突破高端设备与本土 IP 孵化瓶颈，培育具有全球影响力的文化 IP 矩阵；其三，融合科技与文化，以 VR、元宇宙等技术打造沉浸式体验，深耕岭南文化、海洋文化等特色资源；其四，完善产品体系，推出全季化、国际化项目，如冰雪温泉联动、跨境主题园区，满足多元客群需求，拓展海外市场。作为区域经济引擎与文化窗口，大湾区主题公园产业需以政策引领、企业创新与社会协同为合力，实现在全球文旅版图中占据核心地位的愿景。每一座乐园不仅是欢乐载体，更承载着开放、包容、创新的湾区精神，粤港澳大湾区主题公园将持续以中国智慧与湾区方案，书写文旅高质量发展的新篇章。

表 9-3　粤港澳大湾区主题公园一览表

省 / 行政区	城市	主题公园名称	开业年份	规模等级	核心类型	属性近似度
广东省	深圳市	深圳锦绣中华	1989	Ⅱ . 大型	历史文化类	Ⅰ . 核心类
	深圳市	深圳野生动物园	1993	Ⅱ . 大型	生态复合类	Ⅱ . 近似类
	深圳市	深圳世界之窗	1994	Ⅱ . 大型	历史文化类	Ⅰ . 核心类
	佛山市	南海影视城	1997	Ⅱ . 大型	影视基地类	Ⅲ . 边缘类
	广州市	长隆野生动物世界	1997	Ⅰ . 特大型	生态复合类	Ⅰ . 核心类
	深圳市	深圳欢乐谷	1998	Ⅱ . 大型	游乐园类	Ⅰ . 核心类
	中山市	中山影视城	2001	Ⅲ . 中小型	影视基地类	Ⅲ . 边缘类
	佛山市	长鹿旅游休博园	2003	Ⅱ . 大型	综合团组类	Ⅱ . 近似类
	广州市	长隆飞鸟乐园	2004	Ⅰ . 特大型	生态复合类	Ⅰ . 核心类
	东莞市	龙凤山庄影视度假村	2005	Ⅲ . 中小型	影视基地类	Ⅲ . 边缘类
	珠海市	珠海神秘岛主题乐园	2006	Ⅰ . 特大型	游乐园类	Ⅱ . 近似类

续表

省/行政区	城市	主题公园名称	开业年份	规模等级	核心类型	属性近似度
广东省	广州市	长隆欢乐世界	2007	Ⅱ. 大型	游乐园类	Ⅰ. 核心类
	广州市	长隆水上乐园	2007	Ⅱ. 大型	冰雪戏水类	Ⅱ. 近似类
	深圳市	东部华侨城	2007	Ⅱ. 大型	生态复合类	Ⅱ. 近似类
	汕头市	汕头蓝水星欢乐世界	2010	Ⅲ. 中小型	游乐园类	Ⅰ. 核心类
	惠州市	鲁冰花童话园	2014	Ⅰ. 特大型	影视娱乐类	Ⅲ. 边缘类
	珠海市	长隆海洋王国	2014	Ⅱ. 大型	生态复合类	Ⅰ. 核心类
	佛山市	美的·鹭湖森林度假区	2016	Ⅰ. 特大型	生态复合类	Ⅱ. 近似类
	湛江市	鼎龙湾德萨斯水世界	2018	Ⅱ. 大型	冰雪戏水类	Ⅱ. 近似类
	珠海市	星乐度·露营小镇	2018	Ⅲ. 中小型	综合团组类	Ⅱ. 近似类
	广州市	广州融创文旅城	2019	Ⅰ. 特大型	综合团组类	Ⅰ. 核心类
	佛山市	顺德欢乐海岸 PLUS	2019	Ⅰ. 特大型	综合团组类	Ⅰ. 核心类
	江门市	广东花海欢乐世界	2019	Ⅱ. 大型	生态复合类	Ⅲ. 边缘类
	广州市	七彩澳游世界	2020	Ⅰ. 特大型	生态复合类	Ⅱ. 近似类
	阳江市	阳江福兴松鼠王国乐园	2020	Ⅲ. 中小型	生态复合类	Ⅲ. 边缘类
	清远市	佛冈森波拉奇妙世界乐园	2021	Ⅱ. 大型	生态复合类	Ⅱ. 近似类
	广州市	广州钧明欢乐世界	2021	Ⅱ. 大型	影视娱乐类	Ⅰ. 核心类
	广州市	森林海嬉水乐园	2022	Ⅲ. 中小型	冰雪戏水类	Ⅱ. 近似类
	珠海市	长隆飞船乐园	2023	Ⅱ. 大型	生态复合类	Ⅰ. 核心类
	中山市	中山欢乐海岸奇遇时光乐园	2024	Ⅲ. 中小型	游乐园类	Ⅱ. 近似类
	佛山市	广东千古情景区	2024	Ⅲ. 中小型	历史文化类	Ⅰ. 核心类
	清远市	长隆森林王国	2025	Ⅰ. 特大型	生态复合类	Ⅰ. 核心类
	广州市	星纪世界·南湖乐园	2025	Ⅲ. 中小型	游乐园类	Ⅱ. 近似类
	深圳市	深圳乐高乐园度假区	未开业	Ⅰ. 特大型	影视娱乐类	Ⅰ. 核心类
香港特别行政区	香港	香港海洋公园	1977	Ⅱ. 大型	生态复合类	Ⅰ. 核心类
	香港	史努比开心世界	2000	Ⅳ. 规模不足	影视娱乐类	Ⅰ. 核心类
	香港	香港迪士尼乐园	2005	Ⅰ. 特大型	影视娱乐类	Ⅰ. 核心类
	香港	诺亚方舟主题公园	2016	Ⅳ. 规模不足	历史文化类	Ⅱ. 近似类
	香港	大富翁梦想世界主题馆	2019	Ⅳ. 规模不足	游乐园类	Ⅱ. 近似类
	香港	香港乐高探索中心	2021	Ⅳ. 规模不足	游乐园类	Ⅱ. 近似类

第十章

媒体特许经营视角下的 IP 获取类型与转化特征

杜晓朦

随着我国旅游产业发展阶段及游客需求的变化，主题公园已成为旅游产业中的一个重要分支。《文化产业振兴规划》将文化产业提升为国家的战略性产业，并明确要“加快建设具有自主知识产权、科技含量高、富有中国文化特色的主题公园”，强调了主题公园在文化旅游产业发展中的重要作用。对主题公园产业进行更深入、更聚焦、更细致的研究，已经成为产业发展的实际需求与必然趋势。

主题公园的产品可以分为主题与IP两个层次，其中主题是可辨识但不排他的，如动物、历史、影视，即若干主题公园单体或品牌可以选取同一主题或类似主题进行经营；而核心IP则是可辨识且排外的，例如米老鼠是迪士尼乐园具有代表性与专属性的IP。从国际主题公园产业的发展来看，头部的主题公园品牌通常都具有鲜明的核心IP储备，且这些核心IP对其产品呈现的差异性和有效性有显著影响。然而，学界对IP获取与授权及其对主题公园产品转化的影响这一话题还鲜有涉及，且多着重于主题公园如何呈现主题化并将其与混合消费形式有机结合之上，而没有关注到更上游层面的IP获取对主题公园产品转化与呈现的影响。对核心IP的获取、形态、转化等问题进行深入研究，可以为本土企业在IP获取和转化层面提供一定的实践启示。

一、知识产权及 IP 授权

“IP”一词最初来源于 Intellectual Property 的缩写，即知识产权，其本意为法律条款中专利权、著作权、商标权等用于保护基于创意的作品、产品、商品等法律权益之总和（Marshall，1997）。我国界定知识产权是民事主体享有的支配创造成果、工商业标记以及其他具有商业价值的信息并排斥他人干涉的垄断性权利（孔令梅，2015），是赋予创造文化、创新知识主体的一种特殊权利（王亚军，2020）。知识产权具备无形、专有性、地域性、时间性等特征（郑成思，1993），其权能包括控制权、使用权、处分权与收益权（张玉敏，2001）。其中著作权是随创作而自然产生的，专利权、商标权则需要通过权力机关认可获得。此外，由于知识产权存在独立创作、合作创作、法人创作、委托创作等多种形式，同一客体上可能同时存在多种或多项知识产权，不同知识产权和权项都可能有不同的权利人（程芳和章舒熳，2021）。

知识产权的时间性是各国在相关立法中，平衡社会整体利益和知识产品创造者或单位利益的原则体现（冯晓青，2004），是各国为鼓励智力成果公开以促进科学文化发展所普遍采用的原则（吴汉东，2000），具体表现为各国对知识产权的时效范围均有明确规定。我国《著作权法》规定，自然人作品的保护期为作者终生及其死亡后 50 年，法人作品、视听作品发表权的保护期为 50 年，超过保护期的作品则进入公共版权领域。而美国 1998 年通过的延长版权保护期法案，又被称为“挽救米老鼠法案”，规定法人和团体的著作权保护期是 95 年，个人著作权保护期则是作者终生及其死亡后 70 年。在媒体产业的实际操作中，制作出品方如迪士尼，还会通过视听作品复刻等方式，完成对原作故事公共知识产权垄断的时效延展（孙烨和高红岩，2022）。专利权和商标权的单一保护时效通常更短，但商标权可以在实际使用的基础上进行延展，使保护期在事实上长期有效。

由于知识产权在创作领域与工业设计领域的重要性更为显性，我国法学、工业生产、媒介等领域较早对其进行了探讨与研究，研究内容主要集中在授权许可模式、风险规避、综合保护等方面。授权许可是知识产权进入产业的核心环节，是指权利人将其作品知识产权中的一项或若干项权利，以合同的形式授予他人，许可他人在一定时空范围内使用作品的一种版权利用方式（卿越，2012）。本书所讨论的 IP 授权以使用型授权为主，指被许可人以自用智力成果为目的，向权利人寻求授权。根据授权范围，可分为独占、排他、普通许可三种许可类型；根据权利人与被许可人之间的主体关系，还可以被分为权利人向被许可人进行单向授权的纵向授权、共有权利人授权其中一位权利人进行使用或维权的横向授权，及权利人与被许可人互相授权的交叉授权（张书青，2015）。与其他物权授权相比，知识产权授权具有以禁用为核心的消极权能扩张，权利人的授权无须通过客体交付形式履行契约，权利人可以同时就单一客体对多主体授权等特征。知识产权的拥有者，通常会综合运用专利权、商标权、著作权等对作品或企业提供综合性知识产权保护（李易航，2016）。

影视和动漫授权通常以著作权（版权）许可、商标权许可和商品化授权的综合授权模式实现（张磊，2019），其中商品化授权与周边产品开发更为相关，著作权许可与多媒介平台文本开发的语境关联更强。部分研究基于品牌管理的视角，从品牌授权方的角度就品牌授权对品牌延伸和产业链发展的效用等已有不少论述，却缺少从被授权方应如何选择授权方、不同授权场景与主体会带来何种影响等方面的论述（袁文华和孙曰瑶，2012）。

当下，线下实体场景成为跨媒介内容生产的新动能，IP 授权开发在服务业中的应用也逐渐进入研究视野，但这类研究还主要是从法律视角聚焦于法理讨论和诉讼案例的解析上，如李峰和朱明赟（2022）对博物馆 IP 授权的法律问题进行了探析，程芳和章舒熳（2021）分析了如何避免主题公园 IP 授权的许可纠纷，目前还鲜有从产业和企业管理视角对 IP 授权的解构与探讨。陆嘉宁（2021）从内容叙事与技术结合的角度对迪士尼乐园和环球影城基于特许权内容营造沉浸体验的耦合模式进行了分析，但其视角更多地以两个顶级主题公园品牌的技术进化历程为核心，缺少对授权关系与授权内容本身的系统性关注。

二、媒体特许经营

随着文化产业的发展，知识产权的重要地位被不断强调，“IP”一词的含义在生活与商业语境下也发生了变化，其更偏重于知识产权的跨产业生产过程，而非知识产权本身。在一定使用场景下，IP 也指代跨媒介的内容制作与传播，即用资本购买或创造小说、形象、概念等知识产权，从事多媒介平台文本开发（唐昊和李亦中，2015）。围绕 IP 进行的跨媒介、跨平台、跨行业的授权开发，是通过媒体特许经营实现的（梁媛媛，2017）。

媒体特许经营（Media Franchising）用以描述媒介企业对知识产权管理的过程以及由此产生的系列化形态作品的趋势，也可以被解释为跨产业平台的内容生产网络与文化资源的共享过程（Johnson，2013）。其含义包括媒体集团以分工合作形式对媒介作品的体系化生产、出品、发行、跨媒介综合授权与开发等一系列过程以及产业对系列化作品而非单一作品的投入倾向。“二战”后，大型媒体集团整合与媒体知识产权归属集中（经济层面），个人电脑和网络媒体兴起为跨媒介传播提供了新的渠道（技术层面），媒介受众不断细化（社会层面），都使得整个媒介和创意产业向媒体特许经营的方向快速转换。到 20 世纪 80 年代，媒体特许经营已逐渐在西方的媒介创意产业占主导地位，改变了媒介产业的组织与权力形态，也使得跨产业的授权开发更为可行与普遍。

从经营性本质来讲，媒体特许经营是特许经营这一商业管理模式在媒介产业的延伸。特许经营是以授权人、被授权人之间的合作协议为纽带，允许被授权人使用授权人的品牌，并提供相关的产品或服务（Blair & Lafontaine，2005；Combs et al.，2004）。研究显示，特许经营的效果由所有权结构、商业模式设计、授权协议设计、授权人及被授权人的表现及关系以及协议时长与体量这五个因素决定（Nijmeijer et al.，2013），如图 10-1 所示。媒体授权经营中的主要产品是知识产权，具有一定的无形特质，使得媒体特许经营的整体结构似乎更为虚无，但其本质也并不跳脱出特许经营的研究框架：即媒体特许经营的体系重点，仍然是授权人、被授权人及二者之间的授权关系。在媒体授权经营中，授权人即知识产权的持有者，这种持有可能是通过委托创作、收购、合作创作、授权开发等多种形式实现的，而被授权人则可能包括创意工作者或支付授权费用的合作开发方，双方之间通过授权协议规定其创意开发的合作关系（Johnson，2013）。

媒体特许经营与跨媒介叙事的概念是同步出现的，二者几乎不可分割。媒体授权经营的本质就是对同一文本在不同媒介中的开发与利用，是一个由源文本与衍生文本建构起来的产业网络（齐伟和黄敏，2022），对文本的依赖性也是其与普通特许经营的重要区别。媒体特许经营是产业上下游、不同分工、不同平台间对于知识产权这一核心资源的合作开发过程，其底层逻辑与普遍的特许经营一致，即产业链发展、品牌复合延伸、资源依赖等。不同之处在于，除了横向的产业发展或市场扩张外，媒体特许经营还通过系列作品的形式，在媒体特许经营的过程中不断延伸 IP 内容，即其产品本身。媒体特许经营也是在文化产业固定成本较高的情况下，通过范围经济分摊创意成本的一种经济模式（马立军等，2012），是经济、创意和消费者活动相互碰撞的一种生产过程（梁媛媛，2017）。媒体特许经营体系下的商品，即系列作品或本文所讨论的 IP，由于其本身被公众所直接感知，通常也被产业视为一种品牌，这些作品通过跨平台的、系统化的结构文本，构建出同一品牌、概念或形象下的虚构世界（Johnson，2009；von Stackelberg，2018），成为支撑当今好莱坞媒体特许经营产业的支柱资源。

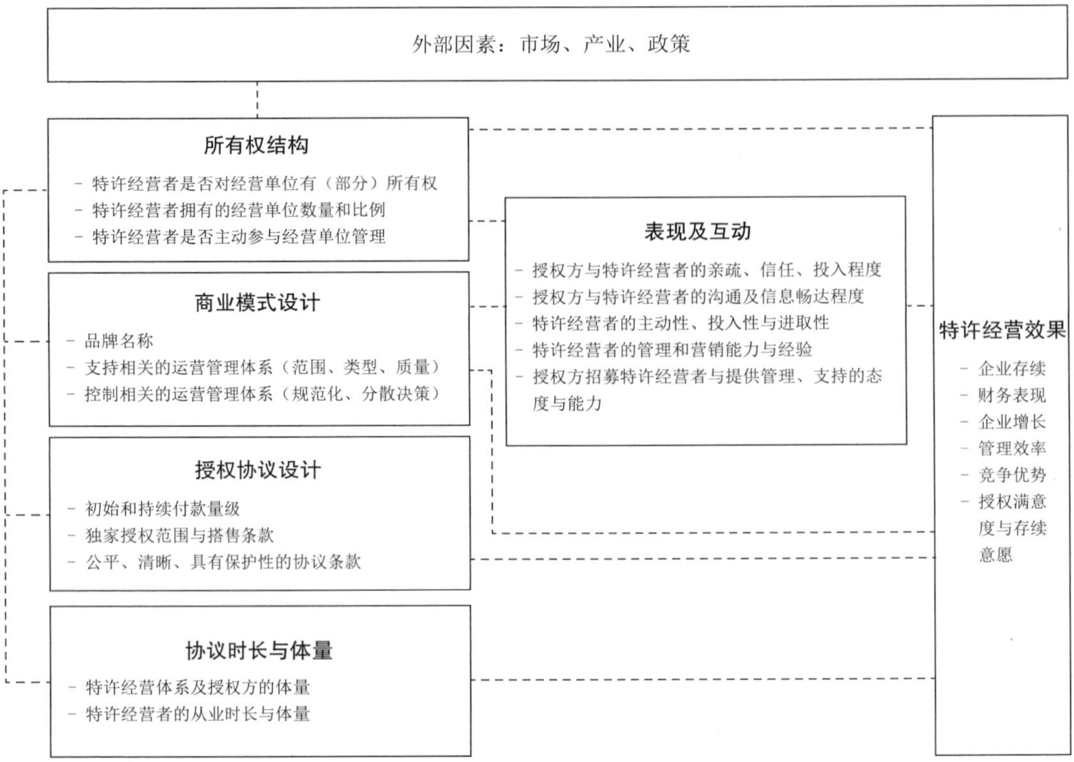

图 10-1　特许经营效果的影响因素

（根据 Karlijn，2013 整理）

三、研究框架

现有关于主题公园 IP 的研究主要集中在法律层面，从企业实践层面则多关注如何通过技术手段实现更好的叙事性与沉浸感，忽略了 IP 获取作为前置步骤为主题公园产品呈现所提供的不同基础与限制。梳理相关案例可以帮助我们更好地理解主题公园行业普遍存在的几种 IP 授权模式，及其对主题公园产品转化的影响，补充相关研究的知识体系。

媒体特许经营是 IP 授权经营与开发的主要形式，因此对 IP 授权的研究应基于媒体特许经营的特征，以授权人与被授权人及双方的授权关系为基础。由于 IP 作为媒体特许经营的产品具有强烈的媒介属性及特征，因此也需要关注文本形态等元素对合作过程与效果的影响。从这两个层面出发，构建 IP 授权影响因素的分析框架，如图 10-2

所示。

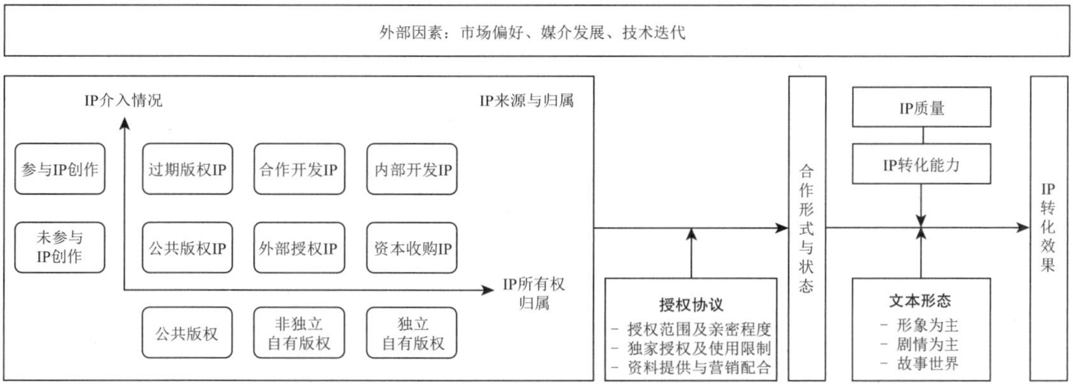

图 10–2　IP 授权影响因素的分析框架

IP 授权作为媒体特许经营的重要环节，是一个以 IP 为核心资源的商业合作模式，因此必须关注授权人与被授权人的权利关系。IP 的所有权归属主要可分为独立 / 自有和非独立 / 非自有两种情况，其中非自有版权可能包括共有版权和他有版权两种主要情况，因此可归纳为独立自有版权、非独立自有版权和公共版权三种形态。在以好莱坞为首的媒体产业进入媒体特许经营为主的产业形态后，媒体集团与创作人或创作团队的关系更加复杂，因此在考虑 IP 权利关系时，需要同时考虑被授权人是否参与到 IP 创作的过程中，这对于 IP 素材的完整度、IP 转化开发的难易度、开发周期、延伸收益等都有一定的影响。鉴于头部主题公园通常隶属大型媒体集团，本书在讨论 IP 所有权归属与 IP 介入情况时，将以主题公园运营主体所属的媒体集团作为被授权的主体，从而更有效地区分大型媒体集团内部授权与跨集团授权等情况为主题公园 IP 授权带来的影响。

基于 IP 来源与归属的分类，可以建立起授权人与被授权人的合作基础，在此基础上，授权协议的设计与条款对实际的合作形式与状态有较大影响。授权协议通常会限定授权 IP 使用的地域和产业范围、IP 转化产品的审核要求与流程、授权方可能提供的素材与资料、双方可能进行的联合营销尺度与权利义务、授权展期的条件、授权的费用模式等，本书将通过案例对常见条款及其影响进行分析与说明。

IP 本身的质量，包括其系列作品的完成度、受众基础、市场认知等，都对 IP 的转化难度与成效有不可忽视的影响，同时 IP 转化的效果与被授权人的转化能力也息息相关。另外，从 IP 媒介产品的本质特征上看，IP 本身的文本形态也是 IP 转化过程中的重要影响因素。授权方持有 IP 的形态，如小说、动画、影视等，都会对 IP 的转化产生影响。随着跨媒介叙事的广泛应用与发展，现有的 IP 文本形态已超脱出单一媒介呈现，大致可以归类为形象为主、剧情为主和故事世界三个类别，其中故事世界是随着故事里讲述的事件，不断向前推进的一个想象的整体，它包含了重复出现的角色、设定、重要物品等元素（瑞安玛丽－劳拉和杨晓霖，2015）。

四、研究方法与数据

本章主要采用二手数据收集、信息归纳与多案例分析的研究方法，尝试阐述主题公园行业中 IP 授权过程“是什么”的描述性问题，并通过案例对相关影响因素进行探讨。为尽可能涵盖全球头部主题公园，提高分类的准确性和有效性，本书选取了 TEA 和 AECOM 联合发布的《2022 主题公园和博物馆报告》中，全球游客人数最多的 25 家主题娱乐公园作为研究对象。同时，本书通过公开发布的新闻稿、纪录片、政府公示授权协议等官方文本，对不同主题公园获取及转化 IP 的过程和影响因素进行了整理与分析。

从 25 个主题公园官网中采集了其主要分区、游乐及演艺项目，并对涉及的核心 IP、IP 所有权归属、IP 介入情况、IP 核心文本形态进行了数据收集与整理，如表 10-1 所示。数据采集截至 2023 年 9 月。对单一主题区域重复出现的同一 IP 记为一条数据，对不同主题区域重复出现的同一 IP，每区域记为一条数据，区域划分以官网说明或地图标注为准。鉴于本文主要研究媒体特许经营体系下的 IP 获取与授权，剔除了街景类、品牌冠名类、演出类主题或版权内容以及仅在单一公园或项目呈现但没有进行衍生媒介创作的主题内容，包括好莱坞街景、特斯拉、奔驰、蓝人秀、波塞冬之怒、惊魂古塔等。数据筛选后剩余 288 条。由于好莱坞媒介公司、导演、制片人之间的资本关系较为复杂，本文对版权所属主要参考各主题公园的法律声明、各影视公司的官网信息等官方信息作为当下版权归属的判断；对 IP 介入情况的判断以各企业官网和新闻稿件中出品参与、合作声明或收购时间为参考；对 IP 核心文本形态的判断以该主题公园采用的内容版本为基准，如对有文字、漫画、影视等多种呈现形式的公共版权，若该主题公园仅通过免费公共版权使用文字版原著，则判断该 IP 核心文本形态为剧情为主。

以 2022 年全球游客人数最多的 25 家主题公园为基准，所有公园单体都呈现了至少一个 IP，呈现 IP 数量的中位数为 11，呈现 1~2 个 IP 的公园主体多数为独立开发的自有形象 IP。艾夫特琳主题公园、东京迪士尼乐园、上海迪士尼乐园、香港迪士尼乐园呈现 IP 数量较多，均超过 20 个。IP 所有权归属情况以独立自有版权为主，占 71.9%，公共版权占 16.7%，非独立自有版权仅占 11.5%。在引入 IP 中，68.4% 的公园所属集团主体参与了 IP 的创作过程。综合来看，内部开发 IP 共计 190 条数据，占到总比例的 66%，是最主要的 IP 来源，其次是公共版权 IP 占 16.7%，外部授权 IP 占 8.7%。从 IP 核心文本形态来看，以剧情为主最多占 70.8%，形象为主占 18.8%，故事世界占 10.4%。

考虑到迪士尼和环球影城作为全球头部主题公园品牌，在主题公园行业中具有引领和示范作用，为进一步通过案例对不同 IP 授权模式的影响情况进行分析与探讨，本书进一步统计了新加坡环球影城及北京环球影城的 IP 获取情况，以形成对环球影城及迪士尼两个品牌旗下的主题公园 IP 获取情况的整体比较，如表 10-2 所示。综合来看，迪士尼品牌主题公园的 IP 来源以内部开发 IP 为主，占到总数的 86%，而环球影城仅占 51%。从 IP 呈现总数量上，迪士尼的园区及 IP 呈现数量均远高于环球影城。迪士尼在外部授权、合作开发、公共版权、资本收购等几种 IP 来源形式上均有所尝试，但占比较低，其中资本收购是除内部开发外的主要方式。环球影城则以外部授权与合作开发为第二、第三位的 IP 主要来源形式，分别占到总数的 38% 和 10%。

由于 IP 授权是一个相对复杂、细则较多的媒介开发过程，本书将通过上述 27 家主题公园的若干案例对不同 IP 获取形式和文本形态对主题公园产品转化的影响进行分析与探讨。

表 10-1　2022 年全球游客人数最多的 25 个主题公园的 IP 获取情况（单位：个）

主题公园	IP 呈现数量	IP 所有权归属			IP 介入情况		IP 来源与归属						IP 核心文本形态		
		独立自有版权	非独立自有版权	公共版权	参与	未参与	公共版权 IP	合作开发 IP	内部开发 IP	外部授权 IP	资本收购 IP	过期版权 IP	故事世界	剧情为主	形象为主
艾夫特琳主题公园	32	1	—	31	1	31	31	—	1	—	—	—		31	1
爱宝乐园	2	1	—	1	1	1	1	—	1	—	—	—		1	1
巴黎迪士尼乐园	12	12	—	—	10	2	—	—	10	—	2	—	1	10	1
北京欢乐谷	1	—	1	—	—	1	—	—	—	1	—	—			1
迪士尼动物王国	6	6	—	—	6	—	—	—	6	—	—	—	1	4	1
迪士尼好莱坞影城	14	13	1	—	9	5	—	—	9	1	4	—	3	6	5
迪士尼加州冒险乐园	11	11	—	—	10	1	—	—	10	—	1	—	1	8	2

续表

主题公园	IP 呈现数量	IP 所有权归属			IP 介入情况		IP 来源与归属						IP 核心文本形态		
		独立自有版权	非独立自有版权	公共版权	参与	未参与	公共版权 IP	合作开发 IP	内部开发 IP	外部授权 IP	资本收购 IP	过期版权 IP	故事世界	剧情为主	形象为主
迪士尼未来世界	5	5	—	—	4	1	—	—	4	—	1	—	1	4	
东京迪士尼海洋	10	9	—	1	8	2	1	—	8	—	1	—		8	2
东京迪士尼乐园	22	20	1	1	19	3	1	1	19	—	1	—	1	18	3
佛罗里达环球影城	12	5	7	—	7	5	—	2	5	5	—	—	3	6	3
好莱坞环球影城	13	8	5	—	9	4	—	1	8	4	—	—	4	7	2
华特迪士尼影城公园	9	9	—	—	8	1	—	—	8	—	1	—	1	6	2
环球冒险岛	7	2	5	—	3	4	—	1	2	4	—	—	2	3	2
加州迪士尼乐园	19	17	1	1	15	4	1	1	14	—	3	—	2	15	2
乐天世界	3	2	—	1	2	1	1	—	2	—	—	—		2	1
欧洲乐园	13	3	1	9	3	10	9	—	3	1	—	—		10	3
日本环球影城	18	8	10	—	9	9	—	1	8	9	—	—	5	8	5
上海迪士尼乐园	25	25	—	—	24	1	—	—	24	—	1	—	3	18	4
神奇王国主题乐园	19	18	—	1	18	1	1	—	18	—	—	—		16	3
香港迪士尼乐园	28	27	1	—	26	2	—	1	25	—	2	—	2	23	3
香港海洋公园	1	1	—	—	1	—	—	—	1	—	—	—			1
长岛温泉乐园	2	—	—	2	—	2	2	—	—	—	—	—			2
长隆海洋王国	2	2	—	—	2	—	—	—	2	—	—	—			2
长隆欢乐世界	2	2	—	—	2	—	—	—	2	—	—	—			2
总计	288	207	33	48	197	91	48	8	190	25	17	—	30	204	54

表 10-2　迪士尼及环球影城品牌主题公园 IP 获取情况（单位：个）

品牌	主题公园	IP 所有权归属			IP 介入情况		IP 来源与归属						IP 核心文本形态		
		独立自有版权	非独立自有版权	公共版权	参与	未参与	公共版权 IP	合作开发 IP	内部开发 IP	外部授权 IP	资本收购 IP	过期版权 IP	故事世界	剧情为主	形象为主
迪士尼	总计	172		4	157	23	4	3	155	1	17	—	16	136	28
	巴黎迪士尼乐园	12	—	—	10	2	—	—	10	—	2	—	1	10	1
	迪士尼动物王国	6	—	—	6	—	—	—	6	—	—	—	1	4	1
	迪士尼好莱坞影城	13	1	—	9	5	—	—	9	1	4	—	3	6	5
	迪士尼加州冒险乐园	11	—	—	10	1	—	—	10	—	1	—	1	8	2
	迪士尼未来世界	5	—	—	4	1	—	—	4	—	1	—	1	4	
	东京迪士尼海洋	9	—	1	8	2	1	—	8	—	1	—		8	2
	东京迪士尼乐园	20	1	1	19	3	1	1	19	—	1	—	1	18	3
	华特迪士尼影城公园	9	—	—	8	1	—	—	8	—	1	—	1	6	2
	加州迪士尼乐园	17	1	1	15	4	1	1	14	—	3	—	2	15	2
	上海迪士尼乐园	25	—	—	24	1	—	—	24	—	1	—	3	18	4
	神奇王国主题乐园	18	—	1	18	1	1	—	18	—	—	—		16	3
	香港迪士尼乐园	27	1	—	26	2	—	1	25	—	2	—	2	23	3
环球影城	总计	35	33	—	42	26	—	7	35	26	—	—	19	36	13
	北京环球影城	6	3	—	7	2	—	1	6	2	—	—	4	5	
	佛罗里达环球影城	5	7	—	7	5	—	2	5	5	—	—	3	6	3
	好莱坞环球影城	8	5	—	9	4	—	1	8	4	—	—	4	7	2
	环球冒险岛	2	5	—	3	4	—	1	2	4	—	—	2	3	2
	日本环球影城	8	10	—	9	9	—	1	8	9	—	—	5	8	5
	新加坡环球影城	6	3	—	7	2	—	1	6	2	—	—	1	7	1

五、主要发现与案例分析

（一）内部开发 IP

独立自有版权在实践中可分为三种具体的形式，即主题公园运营主体自行开发或主题公园品牌开发的 IP、主题公园运营主体所属媒体集团的自有 IP、通过资本收并购行为成为统一版权所属的媒介 IP。

第一种情况，在跨媒介叙事时代，主题公园运营商正积极打造自有 IP 形象，典型案例包括长隆集团的卡卡虎和朋友们、迪士尼的加勒比海盗。长隆集团不仅将卡卡虎形象融入园区玩偶互动，还相继开发了 4D 影院项目及动画作品《卡卡虎大冒险》，展现出对 IP 全产业链开发的战略布局。截至 2023 年 9 月，该 IP 的官方微博粉丝 7.5 万，媒介影响力仍有较大提升空间。相比之下，迪士尼的加勒比海盗系列通过成熟的跨媒介运营，已形成显著的品牌优势和市场影响力。

加勒比海盗并不是"票房优而主题公园"的案例，而是一个原产自主题公园的大型媒介 IP。1964 年至 1966 年，华特・迪士尼本人主导执行了加勒比海盗项目在迪士尼乐园的落地，是最早使用声音动画模拟技术的娱乐设施之一。2003 年，加勒比海盗系列的第一部电影上映，短短十天内就在全球收获了超过 2.35 亿美元的票房。此后，迪士尼又陆续制作了四部加勒比海盗系列电影，总票房超过 40 亿美元，而加勒比海盗也成为迪士尼乐园的保留项目，并随着电影系列的上映不断更新其体验。从加勒比海盗的跨媒介生产过程及其在迪士尼园区的呈现可以发现，主题公园自行开发的 IP 在原始开发和跨媒介转化上均存在难度较大、周期较长的问题，其背后更需要强大的创意团队和媒体产业作为支持，另外，因为版权的自主性最高，主题公园自行开发的 IP 在主题公园中的更新限制较低、吸引力可持续性较强。

独立自有版权中，主题公园运营主体所属媒体集团的自有 IP 是头部主题公园品牌最为主要的 IP 所属权状态，迪士尼的米老鼠系列、公主系列是其典型代表。创作主体被收并购后在主题公园运营主体同一集团内部生产的媒介 IP 在媒体特许经营时代也非常常见，如环球影城的小黄人和神偷奶爸系列来自照明娱乐，功夫熊猫系列来自梦工厂，均属于收并购后形成的独立自有版权。这两种情况与主题公园自主开发 IP 类似，均可以归入内部开发 IP 的类型。二者对 IP 转化的影响差别首要体现在 IP 的独立化程度上。集团内部开发的 IP 通常不会存在明确的世界观架设区隔，且由于创作团队交叉合作更多，形象风格上也会有相似的趋势；而收并购后形成的独立自有版权，多数仍保留了较为独立的创作团队，因此无论从世界观架设或作品风格上，都倾向于形成更加独立的 IP。以上两种独立自有版权形式都默认了主题公园运营主体所属媒体集团对 IP 的介入，即对 IP 创作过程的参与，而资本收购 IP 的情况则更为复杂，后文将做进一步说明。

尽管内部开发 IP 的自由度通常较高，在实际的商业实践中，授权人和被授权人分属不同运营主体，其授权范围也是有限的。主题公园类型的被授权人通常享有的 IP 授权范围包括主题公园体验产品（如骑乘设施、园区内演艺）及园区内的主题餐饮和相关周边的开发出售等，但是产业链延伸中的授权开发权利通常不在授权范围内。例如，小黄人的版权所有人照明娱乐与环球影城经收并购后已同属于康卡斯特集团，但小黄人周边产品的开发、联名营销等主要权利并不通过环球影城执行，而由其专门的消费者产品部门行使权利。同样地，迪士尼的米老鼠、公主系列等 IP 除园区产品外的周边授权与开发，也经由专门的消费品部负责，只是由于统一的品牌名称与标识，更难被消费者所感知。

（二）公共版权 IP 与过期版权 IP

IP 所有权归属及 IP 授权的一个特殊形态即是对公共版权的使用。各国为鼓励知识产权流入公共领域，从而促进智力成果的流通与进一步创新，会规定著作权在一定时限后进入公共版权领域，即该著作权不再为任何自然人或法人团体所独有，可以不受限制地用于商业项目。荷兰艾夫特琳主题公园和德国欧洲主题公园都是在主题公园中广泛运用公共版权的典型代表，二者的主要取材对象都是格林童话。公共版权的优势在于没有费用和转化形式、范围的要求，主题公园可以根据自身需求，对其进行或深或浅的开发利用。但与此同时，进入公共版权领域的 IP 通常创作时间较早，文本形态也主要为文字或漫画形式，即简单的剧情或形象，其能够提供给主题公园产品转化的素材体量是比较有限的。如果公共版权 IP 已经被其他媒体企业进行了二次开发，其衍生的文本形态是不能被作为公共版权的一部分进行利用的。因此尽管公共版权 IP 可能具有广泛的知名度，但受众对基本文本形态的认知和认同感通常较弱。将公共版权 IP 转化为主题公园产品，意味着主题公园需要对其进行二次设计和细节填充，开发周期和难度都会上扬。从艾夫特琳主题公园和欧洲主题公园的产品呈现上也可以看出，二者均是对格林童话的故事进行了二次形象创作，但未对其进行深度开发，公共版权 IP 自身带来的吸引力加持也相对有限。

过期版权 IP 在本书统计范围的主题公园内尚未出现，其原因是著作权与商标权之间的复杂关系以及媒体集团通过多种形式延续其著作权的各种行动。例如，米老鼠的初始形象最初出现在动画片《蒸汽船威利》（*Steamboat Willie*）中，其著作权早已在1928年过期，但经过迪士尼多年来的不断调整与持续的媒介生产，如今米老鼠为人所知的形象已与《蒸汽船威利》中大相径庭，即便对这一公共版权IP进行再开发利用，也无法使之与广泛传播的米老鼠形象相关联吻合（Ginsburg，2017），同时由于迪士尼在商标中对米老鼠这一形象品牌的权利，使用者也无法将该形象与米老鼠通过名称进行关联。迪士尼对于公共版权IP的另一种利用形式是通过动画和真人电影对经典叙事文本的改编和不断复刻，使之在影视文本形态下，成为独立自有版权，从而可以按照内部开发IP对其进行主题公园产品的转化，如白雪公主源于《格林童话》、狮子王源于《哈姆雷特》、花木兰源于《木兰辞》等，迪士尼通过将公共文本进行品牌化媒介打造，弱化了受众对于源头文本的感知，实现了改编的合法性及对公共文本的占有（孙烨和高红岩，2022）。

（三）合作版权IP

IP介入情况主要对转化自由度、转化难度与周期、延伸收益与主题化程度产生影响。头部主题公园中，合作版权IP的案例大半都来自安培林娱乐（Amblin Entertainment），这家成立于1981年的独立电影出品公司的董事长正是著名导演斯皮尔伯格。斯皮尔伯格和安培林娱乐都与环球影业有着深厚的合作历史，而安培林娱乐正是好莱坞媒体特许经营成为主导模式中创作与出品分离的最好例证之一，其产出作品通常都以合作版权IP形式与出品方共享版权，从而有效介入IP的后续开发过程之中。在本书的统计范围内，安培林娱乐就与迪士尼共同持有兔子罗杰，与环球影城共同持有E.T.与侏罗纪公园、侏罗纪世界系列。合作开发使得主题公园运营主体对IP素材的触达性更强，授权谈判的难度更低，因而转化自由度更高、转化难度较低、周期较短、主题化程度更高，同时因双方共享一定的版权开发收益，在延伸收益上的可开发范围和受益范围通常也都较大。

（四）外部授权IP与资本收购IP

在不参与IP创作的情况中，另有外部授权IP和资本收购IP两种主要形式。对外部授权IP应用最为熟练且成功的头部主题公园品牌当属环球影城，在全球6个环球影城品牌的主题公园中，共呈现了26个外部授权IP，占到总呈现IP的38%，表10-3展示了这26个外部授权IP数据中包含的主要IP与其版权情况。

表 10–3　环球影城主题公园呈现的外部授权 IP 及其版权情况

呈现 IP	版权情况（官方版权法律声明）
变形金刚	TRANSFORMERS and its logo and all related characters are trademarks of Hasbro and are used with permission. © Hasbro. © 2023 DreamWorks L.L.C. and Paramount Pictures Corporation.
大力水手	© 2022 King Features Syndicate, Inc. TM Hearst Holdings, Inc.
戴帽子的猫等苏斯作品	© Dr. Seuss Enterprises, L.P.
哈喽凯蒂	© SANRIO CO., LTD. Used Under License.
海绵宝宝	logos and characters are trademarks of Viacom International Inc. Created by Stephen Hillenburg.
好奇的乔治	created by Margret and H.A. Rey, is copyrighted and trademarked by HarperCollins Publishing Company and used under license. Licensed by Universal Studios Licensing, Inc.
黑衣人	© Columbia Pictures Industries, Inc.
漫威	© MARVEL
魔法世界（哈利・波特系列）	trademarks, characters, names and indicia are © & TM WBEI. Publishing Rights © JKR.
任天堂系列	© Nintendo.
史努比	© Peanuts Worldwide LLC
辛普森	© Twentieth Century Fox Film Corporation.
芝麻街	© Sesame Workshop.
终结者	T2, TERMINATOR, and the depiction of the Endoskeleton ® StudioCanal S.A.S.

尽管许多主题公园爱好者已经将哈利・波特的魔法世界与环球影城品牌深度绑定，但其正是典型的外部授权 IP。哈利・波特魔法世界系列内容的著作权所有人为 J.K. 罗琳，而影视相关视觉化的版权则为制作出品方华纳兄弟所有，环球影城及其母公司并未参与相关创作，亦未持有相关版权。哈利・波特魔法世界从文本形态上是一个较为完善的IP，但其对环球影城的转化却有诸多限制与限定。授权协议①中明确规定了区域的独立性要求、主题区域的大小，主题区域内的食物必须是 IP 系列书籍中描述过的饮食，该主题区域内也不能销售其他 IP 产品。被授权人仅能在主题公园、水公园或独立的主题场地（对主题场地的主题化亦有明确的要求）中行使授权权利，不得独立开发与主题公园无关的 IP 周边产品。被授权人在每次使用该 IP 时，均需得到授权人的书面许可，不可将该 IP 与其他 IP 中的角色或物品紧密联合进行产品设计或推广。在生产与

① 资料来源：从美国交易官网获取的删除敏感信息的 Theme Park License between Warner Bros. Consumer Products Inc. 备案文档

该 IP 相关的周边产品时，被授权人的生产供应商也需得到授权人的审核许可。被授权人可以从授权人处采购非独家生产的周边产品用于在主题公园内销售。这份协议同时规定了授权的有效期限和到期后的展期条款等。

从这个案例中不难看出，外部授权 IP 的独立化程度更高、转化自由度更低、延伸收益的可能性较小、主题化程度更高。授权人的主要诉求是通过主题公园的跨界合作增加收入、扩大 IP 声量与影响力，因此会对产品呈现的区域独立性、主题化程度有明确的要求。同时，外部授权 IP 对除核心体验产品外的周边授权范围通常为园区限定，有很强的临场限定特征，并且会出现相似商品多方授权销售的情况。外部授权 IP 通常是借用成功 IP 的文本与受众积累，从而降低 IP 生产的成本，形成品牌的联合效应。

IP 获取的另一种复杂形式是资本收购 IP，即 IP 的权利所属方为主题公园运营主体所属媒体集团所收购，但其 IP 的基本创作在收购前已经完成，即该媒体集团并未介入 IP 主体的创作过程。与内部开发 IP 相似，资本收购 IP 的授权人与被授权人关系也较为紧密，在授权条款中自由度通常较高；但同时由于收购前可能存在的前置授权、独立化程度较内部开发 IP 更高，资本收购 IP 在授权范围、授权形式、文本形态等方面，都会对 IP 转化产生与外部授权 IP 更为相近的影响。

头部主题公园中资本收购 IP 的复杂性体现得最为鲜明的案例，当属漫威与迪士尼和环球影城的爱恨情仇。2009 年，迪士尼以 48 亿美元收购了漫威公司，成为漫威系列 IP 的版权所有人，但迪士尼对于漫威 IP 的主题公园转化却一直进展缓慢，这正是漫威早在 1994 年对环球影城的 IP 授权所带来的影响。在这份授权协议①中，漫威公司为环球影城提供了一个与前文案例类似的外部授权 IP 协议，其中对主题公园的呈现效果、产品范围与限制等都进行了明确的规定。与前述不同的是，由于协议签订时环球影城对漫威实属雪中送炭，这份协议没有按照惯例规定一个明确的授权期限，而是以协议片区（后来环球冒险岛主题公园中的漫威超级英雄岛）维持开业的时间内，授权均认为有效。与此同时，这份协议明确了环球影城使用授权一定程度上的独家性：在密西西比河以东地区，任何主题公园只能使用环球影城当前没有使用的角色（包含其关联角色），且在美国全境，除环球影城外的任何被授权的体验设施或宣传仅能使用特定角色名称而不能使用漫威的统一品牌。

在实际开发过程中，环球冒险岛使用了神奇四侠、复仇者联盟和 X 战警三个角色家族的角色，在密西西比河以东地区，可以使用的角色几乎只剩下银河护卫队角色家族。因此，在迪士尼收购漫威后，尚未能在主题公园领域全面转化漫威这一具有巨大市场价值的 IP，只陆续在其位于佛罗里达州（密西西比河以东）的主题公园开设了银

① 资料来源：MARVEL AGREEMENT BETWEEN MCA INC. AND MARVEL ENTERTAINMENT GROUP

河护卫队主题设施，而在其位于加利福尼亚州（密西西比河以西）的主题公园则开设了复仇者联盟基地主题区域。除了前置授权协议可能带来的影响，资本收购 IP 的独立化程度也会远高于同是独立自有版权的内部开发 IP，其 IP 创作风格、世界观架设等均已成型，几乎无法与集团内部持有的其他 IP 进行品牌的关联或受众认知上的结合。

（五）文本形态对 IP 转化的影响

IP 本身作为媒介产品，其文本形态对于 IP 授权获取后的转化也有举足轻重的影响。以形象为主的 IP 形态，独立化程度更低，转化自由度更高，跨 IP 联动的可能性较强，基本转化难度较低，但较难转化为深度体验产品，其产品呈现形态以非剧情类骑乘设施、人偶互动、巡游表演等为主。以剧情为主的 IP 形态，具备一般性的独立化程度和转化自由度，在适中的转化周期中可以转化为具备剧情性的骑乘设施与表演类产品，同时亦可提炼出关键人物形象作为 IP 转化的支撑。主题公园的运营主体可以通过选取多个同类型或风格相似的形象或剧情为主的 IP，来构建主题的统一性，降低 IP 的分界感。

IP 的文本形态并不是一成不变的，早期成型的 IP 的文本形态通常以形象或剧情为主，而随着跨媒介叙事的不断发展，无论是创作人还是媒体集团，都在推动 IP 不断向故事世界的文本形态发展。故事世界不仅是故事发生的空间背景，还是经历各种全面变化的、复杂的时空整体（瑞安玛丽 - 劳拉，杨晓霖和 2015），因而能够为跨媒介叙事与媒体授权经营提供更全面、立体、有延展性的转化素材。故事世界类型的 IP 文本独立化程度更高、转化自由度更低，较难与其他 IP 形成联动，对转化的投入要求通常较高，但能够建立起独立的、整合性更强的主题区域，更适宜转化为深度体验的暗黑骑乘等产品形态。

六、讨论

本书归纳了主题公园获取 IP 的六种方式，即内部开发 IP、资本收购 IP、合作开发 IP、外部授权 IP、公共版权 IP 及过期版权 IP，并依据头部主题公园的实际案例对这六种方式可能带来的利弊影响进行了分析与讨论。在头部主题公园中，以内部开发 IP 获取的 IP 最多，文本形态则仍以剧情为主，但环球影城则更愿意通过外部授权获取以故事世界为形态的 IP。在对 IP 获取及转化造成影响的三个要素中，IP 所有权归属主要影响到 IP 的独立化程度、开发自由度与延伸收益，如独立自有版权或合作开发的形式，授权人和被授权人关系更为紧密，授权范围一般更大，产品形式也会更加丰富；IP 介入情况主要影响到转化自由度、转化难度与周期、延伸收益与主题化程度；IP 核心文本形态则主要影响到独立化程度、转化难度与周期和主题化程度，如图 10-3 所示。

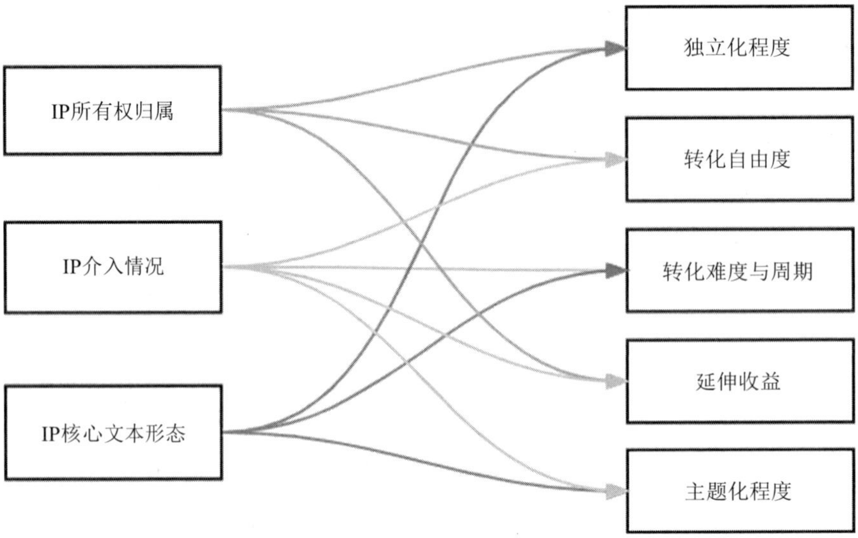

图 10-3　IP 获取中各因素对 IP 转化的影响

尽管 IP 本身是否具备强大受众对于主题公园对 IP 的选取的重要性毋庸置疑，但作为主题公园运营方，在获取 IP 时，也应该充分考虑其 IP 所有权归属、IP 介入情况及 IP 核心文本形态可能给产品转化带来的影响。我国主题公园产业正处在蓬勃发展时期，但对于 IP 的深度开发还非常有限。对世界头部主题公园 IP 生产、授权、转化方式的进一步学习，将有助于开发出更多有效利用 IP 的主题公园体验产品，提升主题公园的吸引力和营收效率。综合使用不同的 IP 获取方式，可以为主题公园运营企业在不同区位进行 IP 的重复与组合使用提供条件，帮助主题公园企业实现品牌扩张与复合延伸。

第十一章

本土品牌创新发展路径与演艺主题公园的探索

陈晓彤　罗　卉

全球化与数字化交织的时代背景下，主题公园产业正经历着前所未有的变革与重塑。游客不再满足于传统的观光游览模式，而是愈发追求深度、独特且富有互动性的沉浸式体验。本土品牌在这一产业浪潮中，面临着全新的机遇与挑战。如何在传承与弘扬本土文化精髓的基础上，借助创新的力量突破传统发展模式的桎梏，成为摆在国内文旅从业者面前的关键课题。主题公园作为文旅融合的重要载体，其创新发展路径不仅关乎单一项目的成败，更对整个行业的发展走向产生深远的影响。本章将深入剖析本土品牌在创新发展过程中的多元路径，为本土主题公园产业的繁荣提供有益的借鉴与思考。

一、自有 IP 培育与成熟 IP 引进

我国本土主题公园的创新发展路径以自有 IP 培育与成熟 IP 引进为双轮驱动，通过内容创新与资源整合构建差异化竞争力。在自有 IP 培育上，本土企业依托中华文化基因，开发了方特熊出没、长隆卡卡虎等原创形象，打造沉浸式故事场景，逐步形成品牌黏性。通过故事场景化、角色互动化设计，构建游客情感连接，推动品牌从游乐设备集合体向文化记忆载体转型。在成熟 IP 引进上，通过授权合作引入国际知名 IP，如奥特曼、航海王，快速提升市场吸引力。借助全息投影、体感交互等技术打造沉浸式场景，形成 IP 引力场效应，带动餐饮、衍生品等二次消费；最后，通过 IP 联动开发，形成“主题乐园—影视动漫—文创周边”的产业链闭环。IP 的多元开发（如主题餐饮、科技互动、跨界联名）不仅弥补了淡季流量缺口，更通过情感共鸣塑造文化认同，最终推动主题公园从游乐场向文化综合体转型，实现经济效益与品牌价值的双重跃升。

华强方特系列主题乐园依托原创动漫 IP 熊出没的知名度，在品牌忠诚度和衍生品收入上取得显著成效。2024 年上半年，华强方特数字动漫业务实现收入约 5.37 亿元，同比增长 45.77%，这主要得益于《熊出没》系列电影的票房收入。《熊出没》系列动画电影总票房超过 77.5 亿元，总观影人数近 2 亿人次，显示出其强大的市场号召力。在衍生品方面，方特以“熊出没”IP 为核心的授权业务和产品类型不断扩展，卡牌、萌粒盲盒、解压玩具等新品上市，并与海底捞全国 1300 多家门店合作推出熊出没专属套餐，成为爆款。这些举措不仅增强了游客对“熊出没”IP 的忠诚度，还为方特带来了可观的衍生品收入。

长隆卡卡虎作为长隆集团的吉祥物，自 2010 年推出以来便以其鲜明的形象和可爱的性格赢得了大众的喜爱。长隆通过《卡卡虎大冒险》等动画片和衍生产品，成功地将卡卡虎 IP 植入主题乐园中，提升了品牌忠诚度。在珠海长隆度假区的 5D 城堡影院内，《卡卡虎大冒险》为游客带来震撼的感官体验，成为亲子家庭的入园必看项目。此外，长隆还推出了卡卡虎主题的游乐设施和亲子活动，为家长和孩子提供了更多的互动机会。长隆通过卡卡虎 IP 的授权和衍生产品增加了收入来源。

海昌海洋公园自 2022 年起，在上海、大连、成都等地推出奥特曼主题娱乐区，涵盖主题馆、剧场、餐厅等多元体验。这种深度 IP 合作不仅吸引了大量粉丝，还带动了整体客流增长。数据显示，2024 年“五一”假期，海昌海洋公园累计接待游客人数 70 万人次，同比增长 7.7%，其中上海项目客流同比上升 20%。引入奥特曼 IP 后，公

司公园板块收入大幅增长，2023 年除去新开业的郑州公园，收入较 2022 年同期增长 118.6%。这种成功不仅源于 IP 本身的号召力，更得益于海昌将 IP 元素深度融入乐园的各个消费环节，形成“乐园 +IP”的生态闭环。

华谊兄弟则通过电影 IP 的植入开辟了新的发展赛道。苏州华谊兄弟电影世界以“入戏，玩真的”为核心理念，依托《集结号》等经典电影 IP，打造 VR 轨道骑乘、实景秀等沉浸式项目。该乐园共有 34 个游乐项目、11 场演艺秀及 24 家餐厅，让游客仿佛置身电影场景，提升了品牌吸引力和二次消费。

通过自有IP的培育和成熟IP的引进，不仅推动了主题公园的游客增长与收入增长，促进了文化产业链的延伸，更为我国主题公园行业提供了创新发展的范式。展望未来，随着科技的不断进步和游客需求的持续升级，本土主题公园将持续深化自有 IP 的培育与成熟 IP 的引进。通过创新体验、丰富内容、拓展衍生品等方式，为游客带来更加多元、沉浸的文化娱乐体验，推动我国主题公园行业迈向新的高度。

二、产品体验的内容形式创新

在体验经济蓬勃发展的今天，产品内容形式的创新已突破传统框架，呈现出百花齐放之势。各大主题乐园作为体验经济的先锋阵地，正通过机械巨兽巡游、中式文化巡游、虚拟沉浸演艺、AI 互动装置等多元形式，上演着争夺游客注意力的创意大战。这些创新不仅重构了游乐体验的边界，更以科技赋能、文化叙事、场景再造为支点，撬动主题娱乐产业的转型升级。从用机械装置唤醒传统文化记忆的超级猛犸巡游，到让电影 IP 与本土民俗共舞的环球中国年活动；从通过 AR 技术让历史人物“活”起来的数字沙盘，到运用人工智能实现实时情感互动的仿生机器人；从打造全息投影的虚拟水族馆，到构建可随游客动作实时变化的交互式光影森林。这些创新形式或重构空间叙事，或颠覆感官认知，或创造情感共振，共同编织着未来主题娱乐的立体体验网络。

珠海长隆海洋王国推出的机械巨象超级猛犸巡游，以高 13 米、长 19 米的巨型机械装置成为园区新标志。2025 年春节假期，该巡游项目吸引大量家庭游客，显著提升了园区客流量。市场反馈表明，机械巨兽巡游凭借其与游客的互动性和视觉冲击力，成为珠海长隆的核心吸引力之一。这种将传统文化元素与现代科技相结合的创新形式，不仅增强了游客体验，还通过 IP 矩阵的构建，为园区长期发展注入新动能。

这些创新形式不仅满足了游客对沉浸式体验的渴望，更为主题乐园的可持续发展提供了新的思路。未来，随着虚拟现实、人工智能等技术的不断进步以及文化与科技的深度融合，主题乐园将继续探索更多可能性，编织出更加丰富、多元的体验网络。无论是虚拟水族馆的全息投影，还是交互式光影森林的实时变化，这些创新形式都将为游客带来更加震撼、深刻的沉浸式体验，成为连接传统与未来、文化与科技的桥梁。

三、节事活动的常态化与品牌化

节事活动常态化与品牌化是本土主题公园创新发展的重要路径。通过将传统文化节庆、季节主题活动和 IP 衍生体验进行系统化设计，形成“主题设定—场景营造—情感共鸣—口碑传播”的完整链条。节事活动正从偶发策划升级为战略级流量入口。在激烈的市场竞争中，节事活动以其独特的主题性和参与性，成为主题公园传播文化、增强游客体验的重要载体。广州长隆欢乐世界将西方万圣节与本土文化融合，南宁方特东盟神画挖掘三月三民族文化，上海迪士尼乐园融合新春传统，通过深耕万圣节、新春等传统节事主题，并结合本土文化特色，探索出了一条具有本土特色的创新发展路径。节事活动不仅为园区带来了显著的客流增长和经济效益，更推动了整个行业的转型升级。这种创新模式不仅突破了传统旅游淡季的桎梏，更通过沉浸式场景构建和情感化体验设计，构建起游客与品牌间的持续联结。

广州长隆欢乐世界的欢乐万圣节将西方节日与本土文化巧妙结合，推出山海灵界、港诡城寨等五大本土主题场景，融合粤语文化、老香港风情，打造沉浸式体验。通过 12 间主题鬼屋、近 1000 位 NPC 及 48 场演出形成现象级效应，其隐藏玩法、NPC 互动设计显著增强游客黏性，带动二次消费增长。方特系列乐园则通过万圣节活动实现淡季市场突破。以主题鬼屋、南瓜灯巡游为核心，结合本土恐怖元素与亲子需求，吸引大量家庭客群。无头骑士、灵魂摆渡人等原创 IP 的引入，成功提升园区知名度，印证了节事活动对游客量的拉动作用。

随着文旅融合的不断深化和游客需求的多元化发展，节事活动已成为主题公园创新发展的常态化手段。不仅为本土主题公园带来了显著的经济效益和社会效益，更推动了整个行业的转型升级。未来，主题公园需持续探索节事活动的品牌化路径，通过文化融合、场景创新和产业链延伸，打造具有核心竞争力的节事活动品牌。同时，借助科技赋能和数字化手段，提升节事活动的互动性和体验感，满足游客对高品质文旅产品的需求。

四、数字技术引领产品转型升级

在数字技术的浪潮下，主题公园正经历着前所未有的产品转型升级。通过引入AR/VR、大数据、AI、物联网等先进技术，主题公园不仅创新了产品形式，更重塑了游客体验，走出了一条以科技赋能文旅产业的高质量发展之路。应用形式丰富多样的数字技术，为园区及产业发展注入了强劲动力。从AR/VR打造的沉浸式体验到智能导览系统提供的个性化服务，从动态定价策略优化资源配置到虚拟排队系统提升运营效率，数字技术正在重塑主题公园的每一个服务环节。这些创新不仅吸引了大量游客重游，还通过社交媒体分享和口碑传播，塑造了独特的品牌形象。

《宋城千古情》剧场通过数字化、智能化的转型，在节目编排、舞台呈现、场景布局及运营管理等方面融合了众多数字化、智能化的科技手段，提升了游客的沉浸式体验。《宋城·三峡千古情》总服务费用约2.6亿元，显示出其在数字化转型方面的力度。在游客沉浸式体验满意度方面，《宋城千古情》通过全息投影、水幕投影等技术，为游客带来震撼的视听体验。杭州宋城的《宋城千古情》演出，通过满天星雨特效和丝绸穹顶倾泻等场景，让游客仿佛穿越时空，触摸到流动的历史质感。这种沉浸式体验不仅增强了游客的文化认知，还提高了游客的满意度。

方特线上互动平台通过AR数字技术赋能“伴你飞翔”项目，以超高清球幕影像与飞行模拟平台的创新结合，为游客打造沉浸式飞行体验。游客乘坐飞行椅穿梭于九曲黄河、万里长城等标志性景观之间，感受“人在画中飞”的震撼视效。该项目采用全球领先的运动平台算法，精准模拟气流颠簸与俯冲加速，将祖国山河图景转化为多感官刺激的数字体验。覆盖全国20余座园区的“伴你飞翔”项目累计接待游客人数超2000万人次，其场景化叙事模式有效提升了游客对传统地域文化的认知度，同时以5%的重游率带动园区二次消费，实现文化传播价值与经济效益的双轮驱动发展，成为方特主题公园标准化项目中的数字化体验标杆。

数字化创新实践不仅重构了传统文旅场景的体验维度，更通过科技赋能与文化IP的深度融合，为本土主题公园探索出“沉浸式叙事+交互式传播”的转型新路径，彰显出数字经济时代文化体验升级的无限可能。数字技术已成为主题公园转型升级的关键驱动力，引领着文旅产业迈向更加智能、沉浸和个性化的未来。

五、沉浸式演艺与多元互动形式

在主题公园产业竞争日趋激烈的今天，沉浸式演艺与多元互动形式正掀起一场颠覆传统的体验革命。这一模式以多幕场景流动、多角色扮演、多感官体验、多技术应用为核心，通过打破舞台与观众的界限，将园区转化为可参与、可探索的沉浸式叙事空间。从北京欢乐谷《盖世英雄》利用全球首创的 3D 模块式运动舞台打造武侠狂欢，到只有河南·戏剧幻城以 21 个剧场讲述中原文化史诗，再到无锡拈花湾禅意小镇通过光影演艺激活夜间经济。沉浸式演艺不仅重塑了游客的感官体验，更通过文化 IP 的立体活化，情感共鸣的精准触发以及商业模式的链式裂变，推动主题公园产业向更高维度升级。其背后是技术创新、政策扶持与市场需求的三重共振，共同编织出文旅融合发展的新图景。

清明上河园通过大型水上实景演出《大宋·东京梦华》等演艺项目，延长了游客的停留时间。购买《大宋·东京梦华》演出票的游客可以免日场门票，并提前至 8：30 入园，这使得游客在园区内的停留时间大大增加。清明上河园的开放时间为每天 9：00 到 22：00，建议游玩时长为 3~4 小时，但观看实景演出的游客往往会在园区内停留更长时间，以充分体验各种活动和表演。

万岁山武侠城互动剧场以沉浸式武侠体验为核心，通过全天候不间断的武侠主题演艺项目，将游客深度卷入快意恩仇的武侠世界。互动剧场精心还原了水浒街、城寨沙场、快活林等经典武侠场景，配合全息投影、声光电特效技术，打造出极具震撼力的沉浸式空间。游客可自由参与武侠 NPC 互动角色扮演、擂台赛、射箭比赛等特色活动，与演员共同演绎武侠剧情，体验飞檐走壁的江湖快意。夜场的《飞云浦》《风雪山神庙》等光影实景剧，通过灯光、水雾、全息成像等技术，营造出虚实相生的武侠意境，吸引大量游客驻留至闭园。这种“观演＋参与”的深度互动模式，不仅让游客获得身临其境的武侠体验，更通过设置剧情任务增强了游玩参与感和挑战性。2024 年万岁山武侠城在文旅寒冬中逆势突围，游客接待量约为 400 万人次，营业收入达到 1.86 亿元，成为传统文化现代演绎的标杆之作。

以旅游演艺内容为纽带、以体验升级为目标的运营模式，不仅重塑了主题公园的时空价值链条，更通过文化场景的深度再造，实现了游客停留时长与消费能级的双重跃升，为主题公园的可持续发展注入了新动能。

六、旅游演艺主题公园的创新尝试

在文旅产业转型升级的浪潮中，极具特色的旅游演艺主题公园正以创新姿态引领体验经济新潮流。以只有河南·戏剧幻城与只有红楼梦·戏剧幻城为代表的现象级项目，通过文化赋能与科技融合的双重创新，重构了传统演艺的呈现方式，为行业开辟了一条沉浸式文化深度体验的全新赛道。

（一）文化赋能：从符号到场景的深度转化

只有河南·戏剧幻城深耕中原文化，通过 3 个大剧场、18 个小剧场和 56 个棋盘格空间构成的戏剧聚落群，将黄河文明与河南历史的深厚底蕴转化为可感知的戏剧场景。其 700 分钟的剧目体量覆盖夏商周至现代的时空跨度，在空间叙事上实现了革命性突破，让观众在移步换景中沉浸于戏剧魅力。这种空间叙事革命不仅打破了传统剧场的物理边界，更通过文化符号的重新编排，让观众在行走中感受历史的厚重与文化的传承。只有河南·戏剧幻城精妙地将“土地、粮食、传承”等中原文化符号具象化为戏剧场景。李家村剧场中，观众通过沉浸式演出深刻体会中原人民对土地的深情与依赖；在火车站剧场，历史场景的还原则让观众感受到中原人民在时代变迁中的坚守与蜕变。这种转化不仅让文化符号更加生动可感，更让观众在体验中提高对中原文化的认知水平。

只有红楼梦·戏剧幻城则以文学瑰宝《红楼梦》为开发基底，通过 108 个情景园林及“读者”“有还无”等四大主剧场构建演绎体系，以总时长超 800 分钟的剧目将文本解读升华为观众可深度参与的思辨故事。项目深耕文学 IP，通过叙事革新激活经典文本，使观众在参与过程中重构对《红楼梦》的认知。比如，读者剧场以《红楼梦》读者为角度，引领观众走进《红楼梦》的世界，通过行进式表演与中央舞台话剧，给予观众层层惊喜和沉浸的氛围感。在文学活化方面，只有红楼梦·戏剧幻城将静态文本转化为动态体验，拓展《红楼梦》的当代叙事边界。第三十五中学剧场复刻 20 世纪 80 年代校园场景，巧妙地将《红楼梦》中的人物、情节有机融入观众所处的年代，引发集体记忆共鸣。这种叙事革新为经典文本注入新生机，也让观众在体验中感受到文化的传承与创新的魅力。

（二）科技融合：从视觉到感官的全面升级

只有河南·戏剧幻城在技术应用上实现了声光电与夯土墙、百亩麦田等实景的完美融合。长达328米的《清明上河图》投影运用激光投影、智能翻板等技术，在夯土墙上动态还原了历史画卷，实现视觉冲击与文化沉浸感的双重升华。这种技术融合不仅带给观众视觉震撼，更通过声光电的立体呈现，使其仿佛穿越时空，身临其境地感受历史的厚重与文化的韵味。同时，只有河南·戏剧幻城还利用智能小程序等数字化手段，提升游客的体验流畅度。游客可以通过小程序一键购票、实时查询节目单、导航导览地图等，自由规划观剧动线，避免因信息差打断沉浸感。科技赋能下，文化体验越发智能化、个性化。

只有红楼梦·戏剧幻城则汇聚全息投影、雨雾场景、升降舞台等技术，营造了梦幻般的太虚幻境。在太虚幻境场景中，全息投影技术让观众仿佛置身于仙境，雨雾场景则通过人工造雾技术增强了环境的神秘感。这种技术融合不仅带给观众视觉震撼，更通过多感官的立体呈现，让观众身临其境地感受《红楼梦》中的奇幻世界。在互动设计方面，只有红楼梦设置了辩论剧场、筒子楼场景等，让观众以剧中人身份探索《红楼梦》的多维解读可能。例如，在辩论剧场中，观众可以就《红楼梦》中的某个话题进行辩论，通过互动的方式深化对文本的理解；在筒子楼场景中，观众则可以参与剧情的发展，成为故事的一部分。这种设计巧妙地提升参与感，让观众在体验中感受到文化的共鸣与创新的魅力。

（三）运营模式：从观演到参与的体验升级

只有河南·戏剧幻城在运营创新方面提出了“零负担观剧”的概念，通过十余项免费服务、降噪设计、季节限定活动等增强游客黏性。项目通过提供免费寄存、免费充电等免费服务，让游客在观剧过程中无后顾之忧；通过降噪设计减少环境噪声对游客观剧体验的影响；通过季节限定活动，如麦田里的博物馆、拾秋、麦田音乐会等，让游客在不同季节都能感受到项目的独特魅力。这种运营模式不仅提升了游客的满意度，更聚集了一批高频次入园的精神股东，为项目的持续发展奠定了坚实基础。商业模式上，只有河南·戏剧幻城拉动餐饮、文创、住宿等周边消费，激活中牟县区域经济。项目内，餐饮街区提供地道的河南美食，文创商店出售以中原文化为灵感的纪念品，住宿设施则让游客深度体验中原文化的魅力。此外，景区还带动了河南省相关景区景点的联动发展。例如，天子驾六遗址坑小剧场的火爆，显著提升了洛阳周王城天子驾六博物馆的知名度，并带动游客量增长。

只有红楼梦·戏剧幻城在文旅融合上联动水云间文化商街中的多元业态，打造

“文化 + 商业”闭环。水云间文化商街提供《红楼梦》主题文创产品与特色餐饮服务等，使游客在文化体验中同步享受商业便利。项目综合效益显著提升，关联产业亦借文化东风蓬勃发展。在运营层面，只有红楼梦·戏剧幻城还通过年演出超 1.5 万场的高频次演出，满足了不同游客的需求。同时，搭配互动设计、季节限定活动等方式，让游客在每次体验中都能感受到新的惊喜与感动。这种运营模式不仅提升了游客的复购率，更通过文化赋能与科技融合的创新路径，为文旅项目提供了“以文化为魂、以科技为翼”的发展新思路。

（四）行业影响：从标杆到潮流的引领效应

只有河南·戏剧幻城与只有红楼梦·戏剧幻城的成功，不仅为文旅产业树立了新标杆，更推动了文旅产业向文化深度体验转型。两大项目通过技术赋能提升体验深度，通过文化挖掘增强内容厚度，为文旅项目提供发展新思路。它们的成功印证了在文旅融合的大背景下，创新是驱动产业升级的核心动力，而文化赋能与科技融合的双重创新，则是实现产业升级的有效途径。两大项目的成功不仅吸引了广泛关注与赞誉，更形成了文化破圈效应。只有河南·戏剧幻城开业 3 年接待游客人数超 2100 万人次，省外游客占比超 70%、“85 后”游客占比 85%，游客评价从视觉震撼到文化觉醒，超 300 次重复入园者涌现，社交媒体自发传播形成文化破圈效应。这种文化破圈效应不仅提升了项目的知名度与影响力，更通过文化赋能与科技融合的创新实践，为文旅产业的转型升级提供了有力支撑。

只有河南·戏剧幻城与只有红楼梦·戏剧幻城作为文旅产业转型升级的典范，通过文化赋能、科技融合与运营创新等方面的实践，为行业开辟了沉浸式文化深度体验的全新赛道。它们的成功不仅证明了创新是驱动产业升级的核心动力，更为文旅项目提供了“以文化为魂、以科技为翼”的发展新思路。在未来的发展中，我们有理由相信更多优秀项目将不断涌现，共同推动文旅产业向更高层次、更广领域发展。

七、结语

本土品牌在创新发展路径上的探索成果斐然，演艺主题公园作为其中的杰出代表，展现出独特的魅力与价值。从自有 IP 的培育与成熟 IP 的引进，到产品体验的多元创新；从节事活动的品牌化运营，到数字技术的深度应用；再到沉浸式演艺与旅游演艺主题公园的大胆尝试，每一步都折射出行业在传承与创新间的精妙平衡。这些实践不仅拓宽了本土文旅产业的发展边界，更为满足游客日益增长的高品质体验需求提供了切实可行的方案。展望未来，随着科技的持续进步、文化的不断挖掘以及市场需求的动态变化，本土品牌主题公园和演艺主题公园有望在创新的道路上越走越远，续写文旅融合的新篇章，为全球文旅产业的发展贡献更多的中国智慧与中国方案。

第十二章

主题公园前沿技术纵览：打造未来乐园的数字底座

张影莎

在新一轮科技革命和产业变革的推动下，全球主题公园正从传统的“机械游乐”加速迈向“智慧乐园”的深层转型。以沉浸式、交互式和智能化为特征的“未来体验场景”，正逐步取代以机械设施为核心的消费模式。特别是在中国，随着“文化＋科技”战略的深入实施，主题公园正从以“景点集群”为特征的空间布局，向以科技为内核的“智慧体验空间”演进。扩展现实（XR）、人工智能（AI）、数字孪生（Digital Twin）与无人装备等新兴技术，正成为构建未来乐园的重要技术底座。这些技术的融合不仅重塑了游客的沉浸体验、行为交互和感知路径，也显著提升了主题公园在内容创意、运营效率与安全管理等方面的智能化水平，为打造沉浸感强、交互性高、智能运营、绿色低碳的“未来乐园”提供了坚实的数字支撑与创新方向。

一、主题公园技术

技术在主题公园的发展中扮演了至关重要的角色，是构建沉浸式娱乐体验的核心支撑。早期的主题公园主要依赖机械工程、舞台艺术、灯光音响、自动控制等传统技术手段，通过实体布景、机械动偶（Audio-Animatronics）、轨道游乐设施以及定时演出系统，营造出丰富多样的互动场景与故事氛围。而当前，主题公园在传统技术基础上不断引入和融合先进技术，形成了多元化、智能化的运营与体验体系。现有技术涵盖虚拟现实（VR）、增强现实（AR）、混合现实（MR）、人工智能（AI）、机器人、无人设备、仿生生物技术、无轨骑乘技术、机械自动化、动作捕捉技术、投影技术、显示屏技术、数字孪生、物联网、BIM 技术等，广泛应用于项目设计、游客互动、园区管理和运营优化等环节。下面是对这些技术与应用示例的介绍。

（一）扩展现实（XR）

扩展现实（Extended Reality，简称“XR”）技术是 VR（虚拟现实，Virtual Reality）、AR（增强现实，Augmented Reality）和 MR（混合现实，Mixed Reality）的统称，它通过融合虚拟内容与现实场景，为用户创造高度沉浸的交互体验（Billinghurst & Nebeling，2021；Gugenheimer et al.，2022；Mhaidli & Schaub，2021；Ratcliffe et al.，2021）。在主题公园领域，XR 不仅大幅提升了感官刺激，还开启了“场景叙事”和“文化再现”的全新可能。

1. 虚拟现实（VR）

虚拟现实（Virtual Reality，简称“VR”）是一种通过计算机生成三维虚拟环境，并借助头戴显示设备（如 VR 头盔）让用户沉浸其中的交互技术（Burdea & Coiffet，2003）。用户可通过头部或身体动作与虚拟世界实时互动，获得视、听、触等多感官沉浸体验。在全球范围内，VR 已被创新应用于沉浸式虚拟过山车（如结合动态座椅与虚拟场景的星际旅行体验）、多人互动游戏（如百人同场竞技的 VR 对战项目）以及无障碍娱乐设施（如为残障人士提供虚拟游览体验）等主题公园场景。游客可借助 VR 设备进行飞行模拟、极地探险、深海探险等，体验现实难以实现的极限或幻想场景。但 VR 在中国主题公园中的应用尚处于起步阶段，代表性案例有南昌 VR 主题乐园，园内配置 45 项国际顶级 VR 设备，包括全球罕见的波音飞机模拟驾驶舱与亚洲唯一的 Slide VR 滑行项目，打造虚拟现实奇幻之旅。深圳欢乐谷“枪林弹雨 VR 体验馆”是国内首个 5G 赋能的大空间多人 VR 枪战项目，支持数十人同步参与。玩家佩戴 VR 头显、手持仿真枪械进行装弹、上膛、精准射击、探身攻击、蹲伏等操作，通过动作捕捉系统，真实还原战场环境与战术对抗体验。

此外，一些非主题公园的 VR 项目也具有主题公园游乐项目的特点。如上海东方明珠的“高空奇境 VR 过山车”是国内首个室内 VR 过山车，位于 95 米高空，采用 360° 纯 3D 画面、自主研发的渲染引擎和同步软件，结合动态座椅，模拟飞越城市、宇宙、深海等场景。无锡古运河的《天枢·古运河的心跳》是梁溪文旅集团与宸境科技联合推出的全国首个结合游船夜游的大空间水上 VR 体验项目，将 LBE（大空间娱乐）技术与游船载具结合，通过毫米级 6DOF 追踪与 IMU 传感器反馈，实现虚拟场景与船体运动高度同步。

2. 增强现实（AR）

增强现实（Augmented Reality，简称“AR”）是一种将虚拟信息（如图像、文字、音效等）实时叠加于现实世界中的技术，借助摄像头、传感器与算法，增强用户对现实环境的感知与互动（Azuma，1997）。AR 具备虚实融合、实时交互与空间定位等关键特征，其在主题公园中的应用正日益广泛。在游乐项目中，AR 可叠加虚拟场景与特效，打造沉浸式过山车、轨道船等新型体验；在导览服务中，游客可通过手机或 AR 眼镜获取导航、讲解与个性化推荐；在角色互动中，AR 可召唤虚拟 IP 角色进行合影与游戏，增强亲子参与感；在科普教育中，AR 被用于恐龙复原、宇宙探索等科普展示项目，提升趣味性；在营销层面，AR 寻宝、打卡任务等玩法也能激发游客参与和消费热情。总体来看，AR 正推动主题公园向“虚实融合”的智慧娱乐场景转型。

华强方特·东方欲晓主题公园推出 AR 沉浸式轨道船项目《致远 致远》，通过虚实影像、数字仿真与智能机器人等技术手段，沉浸式演绎“致远精神”，获选文化和旅游部“2022 年文化和旅游数字化创新实践优秀案例”。厦门梦幻王国 AR 剧场“聊斋”融合幻影成像与瞬间消失移位等先进电影特技技术，生动再现蒲松龄笔下人鬼情未了的旷世绝恋。深圳欢乐谷 AR 潮玩节（2019 年）是全球首次 AR 沉浸式主题节庆，部署 2000 台 AR 眼镜，设置七大 AR 主题区，两大 AR 潮玩空间，融合 IP 内容（如“新倩女幽魂”“第五人格”）、真人 NPC 与虚拟鬼怪互动，增强沉浸式恐怖氛围。2024 年万圣节，上海迪士尼乐园与天猫合作推出“天猫奇喵营”活动，游客可通过 AR 相机召唤巨型萌猫合影。欢乐谷小程序上的 AR 智慧导览系统结合 5G、SLAM 空间定位与 AI 算法，实现 360° 实景 AR 导航、AR 文化场景触发与实时优化游玩路径等功能。深圳世界之窗的小程序也有类似的 AR 智慧导览系统。

3. 混合现实（MR）

混合现实（Mixed Reality，简称“MR”）是一种融合现实世界与虚拟内容的先进技术，用户通过专用设备可在真实环境中看到并与虚拟对象进行实时互动（Milgram & Kishino，1994）。相比 AR，MR 不仅叠加虚拟信息，还具备空间感知与环境识别能力，使虚拟元素能够“落地”在现实场景中，并随用户视角与动作作出动态响应。MR 的核心优势在于实现虚拟内容与真实环境的深度融合，带来高度沉浸、真实的互动体验。借助 MR 眼镜等设备，游客不仅可在真实空间中看到 3D 虚拟角色、道具或特效，还能参与剧情任务、操控虚拟物体、与虚拟角色互动等。

目前，MR 在中国主题公园中的落地应用仍相对有限。主题公园的代表性案例有方特东方神话的“女娲补天”MR Ride 项目，融合了 MR、轨道乘骑系统、立体光学影像以及实景特效等多项技术，游客可乘坐多自由度动感车辆穿越虚拟神话世界，沉浸式体验上古洪荒地界的波澜壮阔，亲身参与女娲补天的奇幻冒险。上海海昌海洋公园“深海元宇宙卡丁车”项目，将 MR 技术、全息影像与卡丁车结合，为游客提供真实赛道驾驶和虚实交融的沉浸式深海场景体验。

4. 洞穴式自动虚拟环境（CAVE）

洞穴式自动虚拟环境（Cave Automatic Virtual Environment，CAVE）是一种基于多面投影的沉浸式虚拟现实系统，通过四周的高分辨率立体影像、动作追踪和环绕音效，打造逼真的虚拟环境，让用户无须佩戴头显即可获得身临其境的体验（Cruz-Neira et al.，1992）。在主题公园中，CAVE 技术已被应用于沉浸式体验项目中，例如迪士尼“迷离大宅”采用 36 台投影仪构建动态 CAVE 空间，配合无轨移动车厢，使游客仿佛置身奇幻故事场景。该技术可低成本构建虚拟现实主题舞台，使视觉呈现更具生动性与表现力。

（二）人工智能（AI）

人工智能（Artificial Intelligence，简称“AI”）是一种赋予计算机系统模拟人类学习、推理、感知与决策能力的技术，核心包括机器学习、深度学习、自然语言处理等（Russell & Norvig，2021）。AI 广泛应用于语音识别、图像处理、内容推荐、行为分析、营销设计等场景，正逐步成为主题公园智能化发展的重要驱动力。

在游客服务方面，AI 客服与导览系统基于语音识别与自然语言技术，提供智能答疑与个性化线路推荐；内容推荐系统根据游客偏好推送项目、演出与商品，提升游园体验的精准度。在运营管理中，AI 用于分析游客行为数据、优化动线与排队系统，并协助项目布局规划与安全管理。此外，AI 还用于前期创意设计、智能营销和虚拟角色运营等多个环节，助力主题公园向个性化、沉浸化和高效化发展。

以下为典型应用场景示例：华强方特搭建 AIGC 平台，将 AI 应用于 IP 内容的概念设计、角色建模、场景设计、模型搭建等环节，有效提升创作效率与质量。上海海昌海洋公园的“深海元宇宙卡丁车”项目也借助 AI 辅助设计，显著缩短开发周期。2023 年，中华恐龙园推出首位虚拟员工“龙傲天”，集成 AI、大模型、实时渲染与 AIGC 能力，进行虚拟直播，吸引超百万人观看，互动超 5000 万次。2024 年，该数字人还被用于在恐龙人生产安全实训馆中为游客讲述安全生产知识。大阪世博会中国馆推出“AI 孙悟空”，由科大讯飞打造，融合三语实时交互、高噪环境语音识别、多情感语音合成、3D 建模与唇形预测，不仅能对话导览，还可生成绘画，展示了中国 AI 与传统文化融合创新的成果。

（三）机器人

主题公园中已开始探索多类型机器人的应用，包括具身智能机器人、特种功能机器人、仿生机器人等，服务于游客接待、演艺互动、科普展示等场景。

具身智能机器人融合感知、认知与运动能力，能在真实环境中自主互动。例如，深圳欢乐谷 2016 年暑假推出的智能机器人互动秀；日本大阪世博会中国馆的 Walker C 由中国自主研发，具备多语言讲解、自主导航、问答互动、定制推送等功能，并能避障、上下坡、跳舞等，兼具服务性与娱乐性，提升展馆智能运营水平。

特种功能机器人则围绕特定任务设计，集成语音交互、视觉识别等技术，用于迎宾、演艺、餐饮等服务领域，如深圳欢乐谷 2016 年暑假推出的魔幻城堡的迎宾机器人，上海迪士尼乐园的疯狂动物城主题园区中协作表演的威斯顿公爵机器人和售货亭机器人。上海海昌海洋公园与千玺机器人集团合作推出“机器人美食嘉年华”，引入 16 款餐饮机器人，实现 24 小时无人化、全封闭新鲜现制美食，提升效率与卫生安全，并通过互动体验与科普展示增强游客对智能技术的认知。

仿生机器人则模仿生物行为与形态，用于展演与互动，增强沉浸体验与观赏性，如上海迪士尼乐园的仿生机械人偶，珠海长隆飞船乐园推出的用于展演的仿生机器人和仿生机器动物。

（四）无人装备

无人装备是指无须人为直接操作，能够自主或远程控制执行任务的机械设备，涵盖无人机、无人车、无人船和机器人等多种类型。这些装备集成了传感器、人工智能、导航定位和自动控制技术。无人装备在主题公园中的应用主要体现在演艺表演、游客服务和智能巡检等方面。

例如，华强方特主题公园在多地推出大型无人机表演，株洲方特欢乐世界千架无人机与烟花联动演绎国漫主题灯光秀，荆州方特东方神画、芜湖方特东方神画、邯郸方特国色春秋等园区亦分别推出融合主题文化元素的无人机表演。方特还构建了完整的无人机表演产业链，具备大规模编队表演与数字内容创作能力。

上海海昌海洋公园于2023年启动无人驾驶游览车试运营，配备低速自动驾驶系统，具有360°环境感知能力，能够根据园区客流情况进行智能调度与游客接驳服务。同时，园区定期上演大型无人机秀，如2024年国庆期间的“海市蜃龙”无人机秀和烟花表演。

在建的春玖智能无人装备主题公园（位于河北省廊坊市大厂回族自治县）建成后将是国内首座集无人装备测试、展示、研学、体验于一体的科技主题公园，涵盖无人机、无人车、无人船对抗系统、军事题材AR剧本杀和远程操控平台。

（五）仿生生物技术

仿生生物技术（Biomimetic or Bionic Technology）是一种以自然界动植物的结构、功能和行为为灵感，融合工程学、材料科学与生物学的跨学科技术体系（Wang et al., 2021）。通过模拟生物的感知、运动与交互能力，该技术可实现具备自适应控制、柔性动作与智能响应的仿生系统或装置。在主题公园场景中，仿生生物可高度还原真实或虚构生物的形态与动作，实现高度拟真表演。

例如，上海迪士尼乐园的“疯狂动物城：热力追踪”项目采用了全球顶尖的仿生机械玩偶（Robotic Puppets）技术，其打造的机械玩偶在形态、毛发质感及动作流畅度等方面都高度还原，栩栩如生地再现了电影中的卡通形象。

上海海昌海洋公园则在仿生海洋生物研发方面持续投入，已推出十余款仿生生物产品。其中，仿生鲸鲨结合多关节推进技术，可在水中完成直行、转弯、定深、张口等复杂动作，兼具科学还原性与演示表现力，成为智慧展示与科普互动的新亮点。此外，珠海长隆飞船乐园也创新推出AI互动“珊瑚长老”、远古生物“邓氏鱼”“鱼龙”“蠕虫”“帝鳄”以及来自“棕矮星”的“猿星人”和“武器大师蓝BOOS”等400多个造型迥异的仿生机器人和仿生机器动物。

（六）无轨乘骑系统

无轨乘骑系统是一种先进的主题公园游乐技术，依托精密计算机控制和定制化局部定位系统，实现乘载车辆在无固定轨道下行驶。相比传统轨道式系统，无轨乘骑具备更高的灵活性和沉浸感，能够根据故事情节实时调整行进路径与节奏，提升互动体验和剧情表现力。

香港迪士尼乐园的“迷离大宅”是中国首个室内无轨乘骑项目，由华特迪士尼幻想工程团队打造。项目采用电磁驱动与多媒体技术，电脑控制无轨厢车在13个场景中自由穿梭，讲述探险家亨利爵士与宠物猴子阿拔的奇幻冒险。系统可同时控制32辆厢车在多条路线上随机行走，结合无线射频识别与 Wi-Fi 技术，实现精准导航。36 座投影器材播放 40 种 3D 特殊视觉效果，配合激光投影与半透明纱幕技术营造“音乐星尘”等神秘特效，彰显迪士尼在沉浸娱乐技术上的创新实力。

上海迪士尼乐园“疯狂动物城”园区是全球首个以《疯狂动物城》电影为主题的沉浸式园区，其核心项目“疯狂动物城：热力追踪”引进中国首台无轨乘骑系统，结合 BIM 技术和精密计算机控制，实现车辆移动。游客乘坐“警车”无轨穿梭于冰川镇、撒哈拉广场等场景，体验身临其境的冒险感受。

（七）机械自动化

机械自动化是通过集成机械设备与自动控制技术，实现生产和服务过程自动化、高效化的技术体系，涵盖了机械设计、自动控制、传感器技术、驱动技术、计算机控制系统等多个技术的集成与应用（Isermann，2008）。机械自动化是主题公园中传统且持续创新的重要支撑，广泛应用于游乐设施控制、演艺装置驱动、智慧餐饮服务及设备运维管理等多个环节。借助自动化系统，过山车、激流勇进等大型机动设备可实现精准、安全的运行控制，提升运营效率与乘坐体验；在演艺表演中，自动机械装置驱动的舞台、道具和灯光装饰实现了高精度联动，增强了视听效果和情节表现力；智能厨房与自动售卖设备通过机械臂、输送系统等技术，实现食材精准加工与无接触服务，提升了服务效率与卫生标准；此外，自动化检测系统可对设施运行状态进行实时监测与故障预警，保障园区的安全稳定运营。

在具体应用上，北京环球影城哈利·波特的魔法世界通过机械自动化系统，采用内置电磁反射器的互动魔杖，使游客通过魔杖挥舞施咒在园区内触发预设的机械装置与数字特效，实现书本翻页、花卉绽放、行李箱开启等效果。上海迪士尼乐园“疯狂动物城”园区则引入先进的电机驱动机械人偶，角色毛发、表情与动作高度拟真、自然流畅，几可媲美电影效果，结合多媒体和环境特效，打造出极具沉浸感的体验。前面提到的上海海昌海洋公园的餐饮机器人也采用机械自动化，通过机械臂、输送系统、传感器和控制系统，实现食材的精准加工、烹饪、搬运和配送等环节的自动执行，提升效率和卫生水平。

（八）动作捕捉技术

动作捕捉技术（Motion Capture，以下简称动捕）是通过传感器或摄像头系统实时捕捉人物或物体的动作数据，并将其转化为数字角色或虚拟对象的同步动作表现，广泛应用于虚拟人交互、数字表演和虚拟现实内容制作。在中国主题公园中，动捕技术正逐步融入多媒体演艺与虚拟角色互动场景。例如，北京环球影城在“功夫熊猫盖世之地”园区中应用了动捕技术，使虚拟角色阿宝能够在大屏幕上实现与游客的实时互动。该系统通过捕捉后台演员的身体动作和面部表情，驱动屏幕中的动画角色做出同步反应，从而营造出角色“看见”并“回应”游客的沉浸式交流体验。华强方特欢乐世界的“熊出没脱口秀”互动剧场中采用动捕系统驱动虚拟角色的实时动作，使卡通人物在屏幕上与观众即时互动，增强沉浸感和趣味性。深圳欢乐谷“枪林弹雨 VR 体验馆”也采用动捕技术为游客带来大空间多人 VR 枪战体验。

（九）投影技术

投影技术是主题公园构建沉浸式场景体验的核心手段，目前广泛应用的技术主要包括 360° 环幕投影、穹顶投影、3D Mapping 和全息投影等基础形态以及多通道融合投影和立体交互投影等增强型技术。其中，360° 环幕投影通过环绕式画面营造包裹感，穹顶投影利用半球形结构打造仰望式沉浸空间，3D Mapping 则赋予建筑或物体动态视觉效果，而全息投影可借助透明介质（如全息膜）呈现悬浮影像效果。多通道融合投影作为底层技术，确保大尺度画面的无缝拼接；立体交互投影则通过动作捕捉等传感器技术，实现观众与内容的实时互动。

其中，3D Mapping 技术尤为突出。3D Mapping 技术可将动态图像精准投射至不规则实体表面，如建筑立面、山体结构或复杂道具上，通过三维建模与视觉校正，营造出空间变幻与视觉幻觉的沉浸氛围，广泛应用于夜间光影秀、暗黑骑乘项目以及大型剧场演艺之中。例如，香港海洋公园的《光影颂》激光会演和北京环球影城哈利·波特主题区的“霍格沃茨夜间魔法庆典”均采用高亮度的 3D mapping，将动态图像精确贴合至建筑表面，赋予静态建筑以动态生命，呈现出各种奇幻场景。香港迪士尼乐园的“迷离大宅”同样应用了 3D Mapping，将高分辨率动态图像投射至陶罐等复杂物体表面，呈现器物图案变化等富有魔幻色彩的动态效果。

另一项前沿技术全息投影则基于激光干涉与衍射原理，通过记录和再现物体的三维光场信息，能够呈现逼真的立体悬浮影像，使观众无须佩戴任何辅助设备即可获得裸眼 3D 视觉体验。例如，无锡融创乐园引入超短焦全息投影技术，让游客沉浸式观赏栩栩如生的恐龙影像，了解地球生命演化的壮阔历程，实现了数字科技与自然景观、实体与虚拟内容的深度融合。芜湖方特东方神话的“火焰山”项目也采用全息投影技术，让游客沉浸式体验《西游记》经典剧情。

此外，多通道融合投影技术通过多台投影设备协同输出，并利用几何校正与边缘融合技术，在大面积投影区域内实现高分辨率、广视角的统一视觉画面。该技术已广泛应用于主题公园中的暗黑骑乘、飞行影院、球幕影院、沉浸展馆以及 CAVE 空间等场景中。如上海迪士尼乐园的“疯狂动物城：热力追踪”和“加勒比海盗：沉落宝藏之战”均通过多通道融合投影结合机械实景和动感骑乘，创造出立体动感体验。

在实际应用中，这些技术常被灵活组合，例如穹顶投影结合立体交互功能，或 3D Mapping 与全息投影叠加使用，从而创造出层次更丰富、体验更逼真的沉浸式场景。

（十）显示屏技术

在投影技术快速发展的同时，显示技术也正迈向高分辨率、高对比度、柔性可变与沉浸互动的方向。Micro-LED、OLED、柔性异形屏、透明显示屏、隐形显示屏、激光荧光显示与裸眼 3D 屏幕等新型显示技术，构成了先进显示的技术体系。这些技术不仅突破了传统平面显示的局限，也为主题公园等沉浸式文旅场景提供了更加多元与可拓展的内容载体。如北京环球影城哈利·波特主题区（霍格沃茨魔法城堡内）巧妙运用隐形显示屏技术（Hidden Display Technology），营造出墙上油画人物“活起来”的魔法效果。此类“油画”本质上为经过特殊处理的高分辨率显示屏，配合灯光遮蔽与画框遮边设计，使它们在未开启时如同传统静态画作，但一旦启动，便能呈现出“动起来”的魔法效果。

（十一）数字孪生

数字孪生是一种通过实时数据采集与建模，在虚拟空间中构建物理实体“数字镜像”的技术，融合物联网、人工智能和云计算等手段，可实现系统状态的监控、预测、优化与仿真（Tao et al.，2019）。在主题公园中，数字孪生可结合 BIM（建筑信息建模）与 GIS（地理信息系统），实时掌握设备运行、游客流量和环境状况，助力智能调度、排队优化、故障预警与安全管理，同时支持新项目规划与运营测试，提升管理效率与游客体验。目前全要素数字孪生在中国主题公园领域应用尚少。如华强方特借助 NVIDIA Omniverse 平台和 RTX GPU 构建数字乐园数字孪生场景，打造多专业协同开发平台。通过 Omniverse Connector 实现多款 3D 软件互联，建立跨平台设计环境，优化数据交换与工作流程，将传统串联流程升级为并联工作流，显著提升协同效率与数据处理能力，保障项目开发质量。再如上海乐高乐园的建设团队在数字孪生模型中推演过山车每一寸轨道的弧度，并通过智能放样机器人进行高精度定位，以亚毫米级精度锁定安装点位，实现轨道严丝合缝的拼接，确保过山车在千万次运行中依然稳定安全。

（十二）物联网

物联网（IoT，Internet of Things）是指通过各种传感设备将现实世界中的物体连接到互联网，实现信息采集、传输、处理与控制的技术体系。它利用 RFID、传感器、嵌入式系统等感知技术采集物理世界数据，借助 5G、Wi-Fi 等通信网络传输信息，并依托云计算和人工智能进行分析决策（Al-Fuqaha et al.，2015；Atzori et al.，2010）。在主题公园中，物联网技术可用于智能腕带、体验互动系统、设备监控等。如游客佩戴内置 RFID 芯片的电子腕带，能记录入园时间、排队位置和消费记录，方便园区管理游客流量和个性化服务。智能腕带在国际顶级主题公园中使用较多，但在国内主题公园中较少使用。长隆集团的快速通行腕带可通过打印在手环腕带上的二维码或条形码对游客身份进行识别和信息读取，但缺乏更多智能功能。一些体验互动项目也需要物联网传感技术的支持。此外，游乐设施安装传感器，可实时采集振动、温度、运行速度等数据，发现异常可及时预警，保障安全。

（十三）BIM（建筑信息建模）

BIM（建筑信息建模，Building Information Modeling）是一种融合了建筑设计、结构、机电、运营等多维数据的数字建模技术，通过三维可视化模型实现建筑全生命周期的信息管理。在主题公园建设中，BIM 技术广泛应用于规划设计、施工协调、设施运维等环节，显著提升了设计、施工和运营效率。例如，北京环球度假区在建设阶段引入 BIM 与 GIS（地理信息系统）集成平台，对园区建筑和地下管网等进行精准模拟和动态调整，有效提升了施工效率与安全水平。上海迪士尼乐园“疯狂动物城”园区及游乐设备的建设同样应用 BIM 技术，以实现设计、施工与设备安装的高效协同与精密对接。上海乐高乐园在建设阶段创新性地将 BIM 技术与智能放样机器人相结合，实现了骑乘设施毫米级精度的安装定位，确保结构拼接严密与运行安全。此外，BIM 模型还为后期的数字孪生平台提供基础数据支持，实现设备维护、游客疏散、能耗监测等智慧化管理功能。

二、主题公园项目的技术融合

当前，主题公园项目按所采用的技术形态大致可分为四大类：传统机械类、多媒体集成类、智能技术类与沉浸体验类。传统机械类项目以轨道游乐系统、离心力设备与滑道系统为代表，强调物理运动与速度感，是早期主题公园的核心组成部分。多媒体集成类则融合了视觉与声光技术，如多通道投影、环幕影院（如 180°/360° ）、全息影像、裸眼 3D 显示和互动地面屏，突出视听冲击力和视角包围感，是传统机械项目向感官演艺项目转型的标志。智能技术类随着 AI 与物联网发展逐步兴起，代表技术包括

AI 语音交互、虚拟导览系统、数字孪生监控平台、智能排队与票务系统，提升了游客服务的精准化与运营管理的数字化。沉浸体验类则融合了最新的 XR 技术，如 VR 飞行影院、MR 探险体验馆、CAVE 沉浸空间等，通过实时渲染与感知互动，为游客打造更加沉浸、个性化的沉浸式游览体验。从发展趋势来看，主题公园技术正从以“运动驱动”为核心的机械时代，演进至以“感官融合”“智能交互”为特征的数智时代，最终迈向“沉浸叙事”主导的全景虚实共生体验阶段。沉浸式体验项目越来越依赖多种技术的融合，以下是主题公园中常见的典型性项目。

（一）暗黑骑乘

暗黑骑乘（Dark Ride）是主题公园中以“沉浸式叙事”为核心的代表性体验形式。游客乘坐专门设计的轨道式或无轨车辆，在黑暗或半黑暗的室内环境中穿梭，沿途通过灯光、音效、动画、投影、机械装置等的综合运用，逐步展开一段具有完整剧情线的故事体验。部分项目亦融合动感平台、多通道影像系统、仿生生物技术等，实现更复杂的情境调度与视角引导。例如，上海迪士尼乐园的“疯狂动物城：热力追踪”采用无轨乘骑系统、仿生机械木偶、多通道影像系统等使游客仿佛置身在动画世界中；“加勒比海盗：沉落宝藏之战”采用动态船载系统、多通道穹顶投影、沉浸式音效与布景，构建高度动态的叙事体验；北京环球影城的“哈利·波特与禁忌之旅”结合多自由度骑乘系统、360 度摄影技巧、精密自动装置、4D 情景模拟与实景布景，提供沉浸式飞行模拟体验。相较于以速度与刺激为主的传统户外游乐设施，暗黑骑乘更侧重情境沉浸与故事代入，依托多媒体融合技术，为游客带来层次更丰富的感官与情感体验，已成为当代主题公园实现“从游乐走向叙事”的关键形态之一。

（二）飞行影院

飞行影院（Flying Theater）作为主题公园中高度沉浸式体验的代表性技术形态，在国内外主题公园中得到了广泛应用。该类设备通过集成动感座椅平台、大视角球幕或穹幕投影系统，并辅以风、雾、气味等多感官仿真特效，营造出游客“飞行穿越”现实风景或幻想世界的拟真体验。其技术核心在于将视听影像内容、平台动态响应及环境特效实现高精度同步，以提升整体沉浸感和临场感。

从技术演进角度来看，飞行影院已历经多代迭代升级，目前国际最先进形态为第五代飞行影院系统，其代表性项目为迪士尼动物王国的“阿凡达飞行体验”，该项目在高自由度动态平台、沉浸式立体影像、多感官特效与仿生模拟元素等方面实现跨代升级和高度融合。相比之下，当前国内尚未建成完整意义上的第五代飞行影院项目，在实际落地层面仍以第四代系统为主流配置。其中，代表性案例包括：上海迪士尼乐园的“翱翔·飞越地平线”，采用多自由度悬挂式平台与大型穹幕结合，模拟飞越全球自然与人文地标；方特欢乐世界的“飞跃极限”则在借鉴迪士尼技术框架的基础上，融入了中国特色场景。

（三）沉浸式剧场

沉浸式剧场在中国主题公园中正日益成为展现文化故事与科技融合的核心载体，其实现依赖多项前沿技术的集成运用。如通过全息投影与 AR 技术，可营造出虚实交织的三维视觉场景，使观众仿佛置身于故事发生的时空之中。结合动捕系统与智能灯光，可实现演员动作与虚拟画面的精准同步，提升表演互动性与情感表现力。环绕音响、多维振动平台与环境特效（如风、雾、温感）可进一步调动观众感官，打造沉浸感十足的观演体验。如方特东方神画的“千古蝶恋”，是当前全球规模最大的全息 AR 剧场表演项目。该项目以中国经典爱情传说“梁山伯与祝英台”为核心，融合增强现实技术、全息投影与真人表演，营造出虚实交融、唯美浪漫的舞台氛围。观众可沉浸式体验一段跨越千年的爱情传奇，亲历蝶舞纷飞、情动山河的震撼场景。宋城集团的《千古情》系列演出也是将多技术融合、舞台空间延展与文化叙事深度融合的代表案例。

三、技术融合的挑战与前景

主题公园技术融合面临显著挑战与广阔前景。当前，尽管 XR、AI 和数字孪生等新技术展现出革命性潜力，其实施仍存在三大核心难题：首先，系统间的数据孤岛现象阻碍了技术协同效应；其次，高保真沉浸式体验所需的算力支持带来巨大的硬件投入成本；最后，技术应用的适老化问题突出，中老年游客群体的接受度和使用门槛亟待解决。这些因素共同构成了技术落地的重要制约条件。

近年来，具有主题公园风格的项目正逐步脱离传统主题公园的整体架构，广泛分布于景区、博物馆、剧场、大型商业综合体等非主题公园场景中，甚至以单一项目（如 VR、MR 项目）独立成景。这类项目借助高科技手段营造沉浸式体验，在主题叙事、技术互动和感官刺激等维度不断逼近甚至超越部分传统主题公园项目，逐渐对主题公园的吸引力构成挑战。随着游客在其他渠道获得高度沉浸的体验，对主题公园项目的新鲜感和独特性感知有所削弱。对此，主题公园需提升单体项目的深度与创新性，以维持整体体验优势。值得强调的是，作为多元沉浸式技术与场景的集成平台，主题公园在规模体量、体验丰富性与系统集成能力等方面仍具显著优势，是其他仅具单一或少数沉浸式项目的场所所难以比拟的。未来，主题公园应继续巩固其作为沉浸式高科技应用前沿阵地的地位，在新技术研发与内容落地方面加大投入，以实现体验进化与持续引领。

展望未来，随着 5G/6G 通信网络、轻量化 AR/VR 设备及生成式 AI 技术的成熟应用，主题公园将迎来质的飞跃。技术边界的消融将推动园区从静态的“物理空间 + 娱乐项目”传统模式，进化为一个持续演化、数据驱动、自适应优化的智慧体验生态系统。这一转变不仅将重新定义游客体验维度，更将确立技术驱动在文旅产业升级中的核心地位，为构建下一代沉浸式文化消费场景提供关键支撑。这一技术底座，不仅决定了未来乐园的体验深度，也将在构建智慧文旅新范式中发挥基础性作用。

参考文献

[1] 保继刚 . 大型主题公园布局初步研究 [J] . 地理研究，1994，13（3）：83-89.

[2] 保继刚 . 主题公园发展的影响因素系统分析 [J] . 地理学报，1997（3）：237-245.

[3] 保继刚 . 主题公园研究 [M] . 北京：科学出版社，2015.

[4] 保继刚，梁增贤 . 主题公园发展：中国案例 [M] . 北京：科学出版社，2021.

[5] 程芳，章舒熳 . 如何避免主题公园 IP 授权许可纠纷 [J] . 法律与生活，2021，22，30-32.

[6] 冯晓青 . 对知识产权理论几个问题的探讨 [J] . 吉首大学学报（社会科学版）：2004（3）：103-109.

[7] 古诗韵 . 中国主题公园市场规模的关键参数研究——基于华侨城主题公园的案例分析 [D] . 中山大学 .2013.

[8] 孔令梅 . 知识产权法 [M] . 长春：吉林大学出版社，2015.

[9] 李峰，朱明赟 . 博物馆 IP 授权法律问题探析 [J] . 中国博物馆，2022（4）：97-101.

[10] 李慧华，谭亮，孙恬 . 中国户外无动力乐园发展现状和前瞻 . 宋瑞，金准，李为人，吴金梅，何德旭，闫坤，夏杰长，刘德谦 .2018~2019 年中国休闲发展报告 [M] . 北京：社会科学文献出版社，2019.

[11] 李易航 . 企业知识产权协同保护策略研究 [J] . 现代管理科学，2016（4）：81-83.

[12] 梁媛媛 . 跨媒介叙事视域下的 IP 运营模式研究 [D] . 华中科技大学，2019.

[13] 梁增贤 . 主题公园理性发展的市场逻辑——对中国主题公园开发的批判性反思 [J] . 旅游规划与设计，2016（19）：94-103.

[14] 梁增贤 . 主题公园开发与管理 [M] . 重庆：重庆大学出版社，2019.

[15] 梁增贤，保继刚 . 主题公园黄金周游客流季节性研究——以深圳华侨城主题公园为例 [J] . 旅游学刊，2012，27（1）：58-65.

[16] 梁增贤，保继刚 . 大型主题公园发展与城市居民就业——对华侨城主题公园

就业分配的考察［J］. 旅游学刊，2014，29（8）：62-69.

［17］梁增贤，董观志 . 主题公园游客心理容量及其影响因素研究——来自深圳欢乐谷的实证［J］. 人文地理，2011（2）：139-143.

［18］梁增贤，罗卉 . 打造中国人自己的文化主题公园品牌［J］. 群言，2024（1）：30-33.

［19］林丽鹏 . 释放儿童消费市场更大潜力——提升产品质量 增加优质供给［N］. 人民日报，2022-06-01（19）.

［20］陆嘉宁 . 特许权内容消费与沉浸式体验耦合策略——以迪斯尼乐园和环球影城为例［J］. 当代电影，2021（2）：126-132.

［21］吕知遥 . 影视基地对区域经济的影响及其发展对策以中国（怀柔）影视产业示范区为例［J］. 市场观察，2019（2）：71.

［22］马立军，何萍，王明成 . 动漫企业的“品牌驱动”之路：以迪士尼为例［J］. 文化产业研究，2012（1）：129-134.

［23］齐伟，黄敏 . 媒体特许经营模式与中国电影产业化进阶——主题娱乐观念的视角［J］. 现代传播（中国传媒大学学报）：2022，44（2）：91-98.

［24］卿越 . 中国影视产业中的版权许可使用制度研究［J］. 昆明理工大学学报（社会科学版）：2012，12（4）：40-45.

［25］瑞安玛丽 - 劳拉，杨晓霖 . 文本、世界、故事：作为认知和本体概念的故事世界［J］. 叙事理论与批评的纵深之路，2015（1）：32-42.

［26］孙烨，高红岩 . 迪士尼真人动画电影的 IP 衍生与跨媒介运营模式［J］. 当代电影，2022（2）：64-72.

［27］唐昊，李亦中 . 媒介 IP 催生跨媒介叙事文本初探［J］. 民族艺术研究，2015，28（6）：126-132.

［28］王刚 . 主题公园游客流影响因素及其作用路径研究［R］. 西安交通大学，2009.

［29］王亚军 . 博物馆授权语境下 IP 与品牌关系分析［J］. 博物院，2020（5）：96-101.

［30］吴汉东 . 关于知识产权本体、主体与客体的重新认识——以财产所有权为比较研究对象［J］. 法学评论，2000（5）：3-13.

［31］闫闪闪，梁留科，余汝艺，王伟 . 城市修建主题公园适宜性评价指标体系研究［J］. 地理科学，2016，36（2）：213-221.

［32］袁文华，孙曰瑶 . 品牌授权的经济分析——基于米老鼠的授权案例分析［J］. 南京财经大学学报，2012（2）：71-76.

［33］智研咨询 . 2025—2031 年中国儿童乐园行业市场调查研究及投资策略研究报告［J］，2024.

［34］张磊 . 关于动漫 IP 授权的法律分析［J］. 传播力研究，2019，3（33）：189-191.

［35］张书青 . 知识产权授权许可若干问题浅析［J］. 电子知识产权，2015（11）：18-25.

［36］张玉敏 . 知识产权的概念和法律特征［J］. 现代法学，2001（5）：103-110.

［37］郑成思 . 知识产权若干问题辨析［J］. 中国社会科学院研究生院学报，1993（2）：1-9.

［38］中国儿童中心，苑立新 . 中国儿童发展报告（2024）［M］. 北京：社会科学文献出版社，259.

［39］中国游艺机游乐园协会，美团 . 2024 中国旅游休闲度假市场新趋势发展报告［R］，2024.

［40］中研产业研究院 . 2024—2029 年中国儿童乐园行业深度调研及投资机会分析报告［R］，2024.

［41］中研产业研究院 . 2024—2029 年版水上乐园产品入市调查研究报告，2024.

［42］AECOM，Themed Entertainment Association. 2014 Theme Index and Museum Index［R/OL］，2015.

［43］AECOM，Themed Entertainment Association. 2015 Theme Index and Museum Index［R/OL］，2016.

［44］AECOM，Themed Entertainment Association. 2016 Theme Index and Museum Index［R/OL］，2017.

［45］AECOM，Themed Entertainment Association. 2017 Theme Index and Museum Index［R/OL］，2018.

［46］AECOM，Themed Entertainment Association. 2018 Theme Index and Museum Index［R/OL］，2019.

［47］AECOM，Themed Entertainment Association. 2019 Theme Index and Museum Index［R/OL］，2020.

［48］AECOM，Themed Entertainment Association. 2020 Theme Index and Museum Index［R/OL］，2021.

［49］AECOM，Themed Entertainment Association. 2021 Theme Index and Museum Index［R/OL］，2022.

［50］AECOM，Themed Entertainment Association. 2022 Theme Index and Museum

Index [R/OL], 2023.

[51] AECOM, Themed Entertainment Association. 2023 Theme Index and Museum Index [R/OL], 2024.

[52] Al-Fuqaha, A., Guizani, M., Mohammadi, M., Aledhari, M., Ayyash, M. Internet of Things: A Survey on Enabling Technologies, Protocols, and Applications [J] . IEEE Communications Surveys & Tutorials, 2015, 17 (4): 2347-2376.

[53] Atzori, L., Iera, A., Morabito, G. The Internet of Things: A survey [J] . Computer Networks, 2010, 54 (15): 2787-2805.

[54] Azuma, R. T. A Survey of Augmented Reality [J] . Presence: Teleoperators and Virtual Environments, 1997, 6 (4): 355-385.

[55] Billinghurst, M., Nebeling, M. Rapid Prototyping of XR Experiences Extended Abstracts of the 2021 CHI Conference on Human Factors in Computing Systems [M], Yokohama, Japan, 2021.

[56] Blair, R. D., Lafontaine, F. The Economics of Franchising [M] . Cambridge University Press, 2005.

[57] Burdea, G. C., Coiffet, P. Virtual reality technology (2 ed., Vol. 464) [M] . John Wiley & Sons, 2003.

[58] Clave, S. A. The global theme park industry [M] . Cambridge: CABI, 2007.

[59] Combs, J. G., Michael, S. C., Castrogiovanni, G. J. Franchising: a review and avenues to greater theoretical diversity [J] . Journal of Management, 2004, 30 (6): 907-931.

[60] Cruz-Neira, C., Sandin, D. J., DeFanti, T. A., Kenyon, R. V., & Hart, J. C. The CAVE: audio visual experience automatic virtual environment [J] . Communications of the ACM, 1992, 35 (6): 64-72.

[61] Ginsburg, J. C. Intellectual Property As Seen by Barbie and Mickey: The Reciprocal Relationship of Copyright and Trademark Law [J] . J. Copyright Soc'y USA, 2018 (65): 245.

[62] Gugenheimer, J., Tseng, W.-J., Mhaidli, A. H., Rixen, J. O., McGill, M., Nebeling, M., …Das, S. Novel Challenges of Safety, Security and Privacy in Extended Reality Extended Abstracts of the 2022 CHI Conference on Human Factors in Computing Systems [C], New Orleans, LA, USA, 2022.

[63] Isermann, R. Mechatronic systems—Innovative products with embedded control [J] . Control Engineering Practice, 2008, 16 (1): 14-29.

［64］Johnson，D. Media Franchising：Creative License and Collaboration in the Culture Industries［M］. New York University Press，2013.

［65］Johnson，D. Franchising media worlds：Content networks and the collaborative production of culture［M］. University of Wisconsin—Madison，2009.

［66］Liang，Z.，Li，X. What is a theme park? A synthesis and research framework［J］. Journal of Hospitality & Tourism Research，2023，47（8）：1343–1370.

［67］Marshall，P. Guarding the wealth of the nations［J］. The Wilson Quarterly，1997，21（1）：64–70.

［68］Mhaidli，A. H.，& Schaub，F. Identifying Manipulative Advertising Techniques in XR Through Scenario Construction Proceedings of the 2021 CHI Conference on Human Factors in Computing Systems［M］. Yokohama，Japan，2021.

［69］Milgram，P.，Kishino，F. A taxonomy of mixed reality visual displays［J］. IEICE TRANSACTIONS on Information，1994，77（12）：1321–1329.

［70］Nijmeijer，K. J.，Fabbricotti，I. N.，& Huijsman，R. Making franchising work：a framework based on a systematic review［J］. International Journal of Management Reviews，2013，16（1）：62–83.

［71］Ratcliffe，J.，Soave，F.，Bryan–Kinns，N.，Tokarchuk，L.，& Farkhatdinov，I. Extended Reality（XR）Remote Research：a Survey of Drawbacks and Opportunities Proceedings of the 2021 CHI Conference on Human Factors in Computing Systems［M］. Yokohama，Japan，2021.

［72］Russell，S. J.，Norvig，P. Artificial Intelligence：A Modern Approach（4 ed.）［M］. Pearson，2021.

［73］Tao，F.，Zhang，H.，Liu，A.，Nee，A. Y. C. Digital Twin in Industry：State–of–the–Art［J］. IEEE Transactions on Industrial Informatics，2019，15（4）：2405–2415.

［74］von Stackelberg，P. Transmedia franchising. In The Routledge Companion to Transmedia Studies（pp. 233–242）［M］. Routledge，2018.

［75］Wang，M.，Li，W.，Tang，G.，Garciamendez - Mijares，C. E.，Zhang，Y. S. Engineering（bio）materials through shrinkage and expansion［J］. Advanced healthcare materials，2021，10（14）：2100380.

后　记

产业研究分析的基础是数据，而主题公园产业既缺乏官方统计，又鲜有行业机构采用科学方法开展系统的调查，导致长期以来主题公园产业数据缺乏。主题公园的定义尽管有明确的核心内涵，但缺乏清晰的边界，而持续进化、衍生和融合的主题公园又不断涌现新的形式和特征，再加上许多主题公园倾向于报喜不报忧、报多不报少，甚至不报，导致主题公园在统计上存在概念性、操作性和进入性的三重困难。本书并未采用什么高级的调查方法，事实上也不需要复杂的方法，仅采用企业公开数据、政府官方报告、行业分析报告和课题组调研获得的一手数据，经过三角校正原理，遴选出我们认为相对稳妥的数据来做分析。这里，我需要对所谓相对“稳妥的数据”做以下解释：第一，企业公布的数据。尽管存在多报的情况，但毕竟企业公布的数据课题组也不好直接反驳。为避免陷入商业纠纷，课题组在书中直接展示地方采用公布的数据，而在统计分析和比较评估的时候则采用我们估算的数值；第二，在企业数据、政府数据和咨询机构数据冲突时，课题组采纳政府数据。作为长期研究主题公园的团队，课题组自然有许多一手数据和调研渠道，虽不得全，但尽可能接近真相。许多领导、学者、企业家、实践者、行业机构、协会组织和主题公园企业给予本书极大的帮助。

我首先要感谢中国旅游出版社，感谢行业编辑室及黄志远等编辑同仁。中国旅游出版社为本书的出版提供了强有力的支持，他们高效、细致、严谨的工作态度值得称赞。我也感谢在编审过程中专家学者和企业精英提供的真知灼见，为本书的专业性、严谨性增益不少。

我特别要感谢中山大学保继刚教授和暨南大学董观志教授对本书的指导，他们提供的行业旁观者视角分析和学界第三方客观评价奠定了报告客观、公正和建设性的基础。我要感谢中山大学旅游学院的徐红罡院长、黄山书记、何莽副院长、张骁鸣副院长、赵静副书记，五位领导一直的鼓励和支持才使得这项工作量巨大的任务得以完成。学院赵莹副教授、张影莎副教授、高俊副教授等都提供了建议、数据和文稿。衷心感谢中国主题公园研究院林焕杰院长推荐重点企业调研，他提供了许多项目关键信息的核实。特别感谢国家发展改革委、文化和旅游部的支持，国家发展改革委社会司委托的重大课题《优化重大文化工程实施及管理研究》为本书的调研开辟了道路，文化和旅游部相关司局和中国旅游研究院也为本书的编写给予了大力支持。十分感谢广东省委宣传部、广东省文化和旅游厅以及中国游艺机游乐园协会以及主要主题公园企业集团和产业链上的相关企业为调研提供了便利。

我尤其感谢我的团队。他们为本书奔走于全国各地城市和项目开展调查，付出辛勤汗水，提出真知灼见。许多观察和洞见为本书增益不少。博士生罗卉具体组织团队开展工作，并负责了部分章节的撰写。博士生杜晓朦参与了第一和第十章的撰写，研究生吴伟勋、孙宇洁、苏思晴负责了第二和第九章的撰写，陈晓彤和陈倩绮负责了第三、四、五、六、七、八、九、十一章的修改和优化，陈香萍、杨恬甜、陈垣润、王佳润、梁智睿、王文婷、曙列恩·屈格拉、肖逸童负责了书稿的校对工作。此外，感谢我的博士生李新静、徐海超、郭子钰、吴璧君、卓友森、热依沙·肉孜、林云、番东平、田文娟，硕士研究生黄晓萍、刘晨希、陈颖欢、张文姣、林诗玲、成子萱、胡希、刘妍杏、陈熙阳（泰国）、李姗、范氏林英（越南）、韦越妍等以及参与野外调研和数据整理的一群中山大学本科生。整个报告调研和写作的工作量巨大，没有科研大团队是难以完成的。感谢一群有理想的年轻人为中国主题公园发展所作出的积极贡献。

梁增贤

2025 年 6 月 30 日

策划编辑：王　丛
责任编辑：张　旭　黄志远
责任印制：钱　宬
封面设计：谭雄军

图书在版编目（CIP）数据

中国主题公园发展报告．2025 / 梁增贤，罗卉主编．北京：中国旅游出版社，2025．9．--（中国文化和旅游皮书）．-- ISBN 978-7-5032-7632-3

Ⅰ．G246；F592.3

中国国家版本馆 CIP 数据核字第 2025DG9308 号

书　　名：中国主题公园发展报告．2025

作　　者：梁增贤　罗　卉　主编
出版发行：中国旅游出版社
（北京静安东里 6 号　邮编：100028）
https://www.cttp.net.cn　E-mail:cttp@mct.gov.cn
营销中心电话：010-57377103，010-57377106
读者服务部电话：010-57377107
排　　版：北京旅教文化传播有限公司
经　　销：全国各地新华书店
印　　刷：三河市灵山芝兰印刷有限公司
版　　次：2025 年 9 月第 1 版　2025 年 9 月第 1 次印刷
开　　本：787 毫米 × 1092 毫米　1/16
印　　张：12.25
字　　数：230 千
定　　价：68.00 元
ISBN　978-7-5032-7632-3
